GUIA DE TERAPIA ORIENTAL

Moxabustão – Digitopuntura – Acupuntura

Dados Internacionais de Catalogação na Publicação (CIP)
(Câmara Brasileira do Livro, SP, Brasil)

Scilipoti, Domenico.
Guia de Terapia oriental: moxabustão, digitocupuntura, acupuntura / Domenico Scilipoti; tradução Stefano Baldi. – São Paulo: Ícone, 1998.

Título original: Guida alla terapia orientale.
ISBN 85-274-0527-X

1. Acupuntura 2. Medicina alternativa 3. Medicina holística 4. Medicina oriental 4. Moxa I. Título.

98-1926 CDD-615.892

Índices para catálogo sistemático:

1. Acupuntura: Terapia oriental   615.892
2. Digitocupuntura: Terapia oriental   615.892
3. Moxabustão: Terapia oriental   615.892

Dr. Domenico Scilipoti

GUIA DE TERAPIA ORIENTAL

Moxabustão – Digitopuntura – Acupuntura

© Copyright 1998.
Ícone Editora Ltda

Ilustração de Capa
Michelangelo Buonarroti
"A Criação de Adão"

Diagramação
Julia Ana C. Fatel Cruz

Tradução
Stefano Baldi

Revisão
Antônio Carlos Tosta

Proibida a reprodução total ou parcial desta obra,
de qualquer forma ou meio eletrônico, mecânico,
inclusive através de processos xerográficos,
sem permissão expressa do editor
(Lei nº 5.988, 14/12/1973).

Todos os direitos reservados pela
ÍCONE EDITORA LTDA.
Rua das Palmeiras, 213 — Sta. Cecília
CEP 01226-010 — São Paulo — SP
Tels. (011)826-7074/826-9510

À Rosy e Gabriele

*"Ó Deus, dê-me uma visão sem nuvens e me liberte da pressa,
Dê-me a coragem de me opor a todas as vaidades e de ter êxito,
Dê-me o poder de não aceitar nunca o repouso e a homenagem, antes
de ter a chance de verificar se os meus resultados correspondem aos
meus cálculos e de poder descobrir e corrigir os meus erros."*

SUMÁRIO

Prefácio da edição italiana 11
Prefácio 13
PRIMEIRA PARTE
A digitopuntura 17
A moxa 21
Acupuntura 23
Teoria dos cinco elementos 24
Os meridianos e a circulação energética 29
Medidas digitais proporcionais 31
Meridiano dos pulmões (L-P) 32
Meridiano do intestino grosso (LI-IG) 34
Meridiano do estômago (S-E) 36
Meridiano do baço (SP-BP) 39
Meridiano do coração (H-C) 42
Meridiano do intestino delgado (SI-D) 45
Meridiano da bexiga (B) 47
Meridiano dos rins (K-R) 50
Meridiano da circulação-sexo (P-CS) 52
Meridiano do triplo aquecedor (TE-TA) 54
Meridiano da vesícula biliar (G-VB) 57
Meridiano do fígado (LIV-F) 60
Meridiano do vaso governador (GV-VG) 62
Meridiano do vaso concepção (CV-VC) 64
Guia à automassagem 67
Controle energético do corpo e preparação à automassagem 69
SEGUNDA PARTE
Aplicação da terapia holística no tratamento de algumas patologias 81
Acne 82
Aerofagia 85
Alcoolismo 87
Afta 89
Amenorréia 91
Anemia 94
Inflamação da garganta 96
Ansiedade 98
Asma 100

Braquialgia	103
Cefaléia em cacho	105
Convulções em crianças	107
Constipação	108
Depressão	110
Diarréia	112
Dismenorréia	115
Distúrbios motores	117
Dores nos cotovelos	120
Dores nos punhos	122
Dores nos joelhos	124
Dores no abdômen	126
Dores nos tornozelos	128
Dores nos ombros	130
Dor de dentes	131
Eczema	133
Ejaculação precoce	135
Hemicrânia	136
Hemorróidas	138
Enurese noturna	140
Frigidez	142
Gota	145
Herpes labial	147
Herpes zoster	148
Impotência – Ausência de ereção	150
Incontinência urinária	152
Insolação	154
Insônia	155
Insuficiência hepática	158
Hipertensão	160
Hipotensão aterial	162
Histeria	164
Lactação insuficiente	165
Lombalgia – Ciatalgia	167
Dor de cabeça	170
Dor de cabeça (nervosismo)	172
Falta de ar	173
Mastite aguda	175
Menorragia	177
Miopia	179
Urticária	181
Palpitações	184
Barriga inchada nas crianças	185
Parto difícil	186

Posição anômala do feto (Podálica) 188
Psoríase 189
Resfriado (Acompanhado de febre) 191
Resfriado (Acompanhado por tosse) 192
Resfriado comum 193
Zumbido nos ouvidos 195
Sede 197
Síncope – Colapso 198
Soluço 199
Sinusite 200
Sonolência 201
Esterilidade 202
Stress 204
Transpiração abundante 206
Desmaio 207
Amigdalite (Tonsilite) 208
Torcicolo 209
Vaginite 211
Vertigens 213
Vômito 215
Pontos terapêuticos essenciais para regularização geral da energia vital do corpo 217
Pontos terapêuticos gerais energéticos 218
Manual resumido dos pontos de acupuntura utilizados nas urgências médicas
e pranchas anatômicas 221
A pulsologia chinesa 225

PREFÁCIO

DA EDIÇÃO ITALIANA

A Medicina Natural faz parte das leis da vida e colabora para o bem-estar do homem. Para esta medicina, qualquer sintoma representa uma ação defensiva do organismo, todas as atividades do nosso organismo trabalham em sua defesa, reguladas pelas leis da natureza.

Natureza que, se favorecida, nos traz a saúde integral; contrariada nos leva a enfermidades agudas e crônicas.

As ciências da Acupuntura, da Moxabustão e da Digitopuntura têm capturado, durante os séculos passados, o interesse tanto de estudiosos como de gente comum.

Algumas ciências naturais precisam de tempo e paciência para serem compreendidas.

Não se pode praticar a acupuntura, a moxabustão e a digitopuntura depois de alguns meses de estudo. É importante ter muita paciência, muita dedicação e muita prática para podermos tomar posse do conhecimento destas ditas ciências e obter assim resultados válidos.

O profissional tem que estar consciente no exercício do seu próprio trabalho e aceitar a idéia de que se deve atender um paciente por vez, para termos o tempo de diagnosticar, curar e se identificar (sentir) com os problemas do paciente, enquanto que uma diagnose apressada não trará seguramente o sucesso terapêutico.

O médico[1] deverá ser o único árbitro e encarregado de decidir qual o tratamento e o melhor método de terapia a ser seguido, e, se souber utilizar a medicina holística no momento oportuno, poderá obter resultados brilhantes.

Este livro pretende ser uma ajuda válida tanto para o médico como para o paramédico[2], integrando, ao mesmo tempo, os conhecimentos da medicina alopática.

O texto está constituído de duas partes: na primeira me ocupei com as descrições gerais da moxabustão, da digitopuntura e da acupuntura, achando oportuno também citar a circulação energética e a teoria dos cinco elementos, base fundamental da medicina oriental; na segunda parte me ocupei das curas praticadas mediante a aplicação destas ciências.

---

[1]NT: É necessário observar que, na Itália, a acupuntura somente pode ser exercida por médicos, porém existe um projeto em estudo na Comunidade Européia para que esta possa ser exercida também por profissionais não médicos.

[2]NT: No Brasil, por não ter paramédicos exercendo a acupuntura, entende-se como sendo paramédicos, os Terapeutas Holísticos, que têm reconhecido o exercício da profissão.

Este trabalho é resultado de estudos, pesquisas clínicas e bibliográficas e de diversas experiências adquiridas ao longo das minhas viagens pelo mundo.

Faço votos que possa contribuir para uma maior difusão da medicina holística e que o conhecimento da acupuntura, da moxabustão e da digitopuntura não permaneçam restritos a um círculo de pessoas ou que sejam apenas uma questão de forma ou estilo.

Acredito que a medicina oriental é um dos pilares fundamentais para compreender o espírito do ser e o conceito de vida eterna; sinto sempre mais forte a vontade de procurar a imortalidade da matéria e do espírito, mas percebo que o caminho é longo e incerto.

Por que deveria entender o impossível? Tantos outros que me precederam, não o conseguiram.

Talvez seja a esperança de viver uma vida sem fim, que me impulsiona a procurar respostas tão complicadas.

Freqüentemente encontro soluções aos meus porquês, na filosofia, holística ou arte médica, que muitos não conhecem e não dão o devido valor.

Creio firmemente no caminho da ciência e da filosofia, que, integrando-se, poderão dar a resposta à imortalidade do ser vivo.

Quando a energia pura (espírito) estiver em equilíbrio com a energia bruta (corpo), existirá um justo equilíbrio, que levará à vida eterna e concederá ao ser vivo a consciência de tudo que este foi antecedentemente, se encontrando em um estágio intermediário entre o homem e Deus.

Este estágio permitirá a cada um responder algumas das questões que ainda hoje não conseguimos responder.

Faço votos que este guia desperte nos leitores o interesse pela medicina holística e aconselho a leitura com a serenidade de um homem de ciências, para que possam colher também as coisas não escritas.

Dr. Domenico Scilipoti

PREFÁCIO

É um privilégio prefaciar esta obra do Dr. Domenico Scilipoti que, indubitavelmente, contribuirá para o desenvolvimento das terapias orientais no Brasil. A formação do Dr. Scilipoti é a garantia da qualidade técnico-científica deste livro. Sua dedicação à Medicina, na qualidade de ginecologista-obstetra e, sobretudo, o seu interesse pelas terapias milenares do Oriente, o levaram a estudar em diversos países e promover, na Itália, a Medicina Oriental e se tornar responsável pela Cátedra de Acupuntura e Moxabustão da Universidade Popular de Messina, além de fundar a Associação de Medicina Popular da Sicília.

Todavia, não é meu propósito, nestas breves palavras, tecer unicamente apologias ao Dr. Scilipoti, o que ainda assim seria muito justo. Meu dever fundamental é contribuir para que os leitores possam compreender a essência desta obra e a importância do novo paradigma de atendimento à Saúde neste final de Milênio.

Não se pode mais negar que o tecnicismo médico está em decadência. Mas, em compensação, o prevalecente modelo mecanicista tem, por força da própria evolução científica, cedido espaço para o que, na realidade, trata-se da revolução humanista da ciência em prol do ser humano no limiar do século XXI.

As terapias orientais, como a Acupuntura, a Moxabustão, a Shiatsuterapia etc., não são absolutamente "Terapias da Mota", porém as verdadeiras artes de curar, respaldadas no paradigma sistêmico, biológico e holístico, no qual é mais importante saber quem é a pessoa que tem a doença do que qual a doença que a pessoa tem.

O resgate das terapias milenares esquecidas pelo cientificismo faz parte do grande movimento científico-social de caráter internacional que reabilita a autoridade da natureza em relação à autoridade social e fomenta a eqüidade, o bem-estar e a paz entre os homens.

A digna emancipação de milhões de seres humanos, até então subjugados pelo pode tirânico de um tecnicismo cruel, insensível e impessoal, só será verdadeira quando a democratização do atendimento à saúde e à educação seguir as recomendações da Organização Mundial de Saúde, desde a Conferência Internacional de Alma-Ata, em 1962.

Esta obra do Dr. Scilipoti esté em perfeita consonância com a visão futurista, que integra a ciência com a filosofia, a mente com o corpo e o espírito com a energia, que transcende a obstinada luta do terapeuta com a doença e contra a morte, mas que promove o bem-estar e a felicidade do paciente enquanto ser humano.

Prof. Dr. Sohaku R. C. Bastos, Ph.D.
Chanceler para a América do Sul
Reitor para o Brasil da *The Open International University for Complementary Medicines* – Itália

PRIMEIRA PARTE

A DIGITOPUNTURA

A Digitopuntura, como a própria palavra sugere, é um tipo de tratamento que consiste em aplicar uma massagem digital sobre "os pontos de acupuntura".

Esta é uma forma de massagem que permite a diagnose preventiva e em alguns casos obter o tratamento instantâneo do corpo.

Parte do princípio que todas as nossas atividades, sejam físicas ou mentais, são geradas por uma série de vibrações vindas do mundo exterior.

Tais vibrações podem ser de origem finita e de origem infinita.

As vibrações de origem finita são captadas por todos, como por exemplo, as cores que nossos olhos captam, os diversos cheiros que podemos aspirar, os sons que ouvimos, a comida e seus sabores e por fim as sutis vibrações que nossas mãos e as plantas dos pés sentem.

As vibrações de origem infinita não são captadas de maneira igual por todos os seres humanos, mas sim apenas por quem mantém em perfeitas condições a energia vital circulante em seu corpo. Usando este parâmetro podemos afirmar que o homem consegue sua energia e estimulo mental, cerca de 80%, do meio ambiente em que este se encontra.

Quando o corpo está saudável apresenta uma circulação livre e contínua de energia, distribuída aos órgãos através dos meridianos e suas coligações.

Esta teoria dos meridianos e seus pontos de pressão é muito praticada pela Medicina Tradicional Chinesa.

Conhecendo-se os pontos nos quais estimular o correto fluxo de energia, poderemos restabelecer a correta circulação e desta forma o bom funcionamento dos órgãos internos correspondentes, esse resultado pode ser alcançado com o uso profissional da digitopuntura.

Usando a minha experiência, e a de outros colegas, selecionei os pontos de acupuntura mais eficientes para tratar alguns males comuns com a técnica da digitopuntura. Esta técnica é bastante simples, inofensiva e eficiente sobretudo para aqueles pacientes que são particularmente sensíveis ao uso de agulhas.

Este tratamento, com sua eficácia e conveniência pode ser aplicado como método de primeiro socorro, por dispensar o uso de instrumentos ou fármacos.

Devo precisar porém que a digitopuntura não é uma cura, mas uma integração a esta e não é possível substituí-la à acupuntura ou ao tratamento convencional.

A "acupuntura digital" deverá ser usada SOMENTE como meio complementar, em qualquer caso que necessite um tratamento integrativo.

O método é simples e não provoca sofrimento ao paciente.

Ao longo de minhas recentes viagens à China, Japão e nas Américas, pude testemunhar tratamentos nos quais a digitopuntura foi empregada para dar alívio a dores de dentes, vários tipos de cefaléia, hipotensão e dores musculares.

Antes de tudo é necessário explicar que, seja qual for a posição, sentado ou deitado, o paciente deverá relaxar, e o profissional terá de ter condições para usar todos os movimentos e toda a força do seu dedo.

Digamos que a pressão digital poderá variar conforme a estrutura corporal do paciente.

Geralmente aplica-se uma pressão leve nos seguintes casos:

— primeira visita;
— dor aguda;
— inchaço;
— flacidez muscular;
— hipertensão arterial, anemia ou distúrbios cardíacos.

Pode-se, aplicar uma pressão forte:

— nas doenças crônicas;
— num estado de fadiga (porém não excessivo).

É aconselhável pressionar sobre o ponto superficial na pele praticando pequenos movimentos circulares, aproximadamente duas ou três vezes por segundo.

Os pontos são simétricos e se encontram em ambos os lados do corpo; no início é indicado tratar apenas um ponto de cada vez e quando adquirir mais experiência, pode-se agir bilateralmente com ambas as mãos.

A duração do tratamento pode variar de um a cinco minutos para cada ponto, uma vez ao dia ou todas as vezes que surgir a necessidade e também quando se deseja fazê-lo como prevenção.

Para obter bons resultados no tratamento é necessário:

- que o local de atendimento tenha condições adequadas, seja aquecido e ao mesmo tempo com boa circulação de ar. Isso ajudará o paciente a sentir-se confortável e a não sentir calafrios;
- termos as mãos limpas e aquecidas, as unhas curtas para não machucar o paciente e não deixá-lo tenso e nervoso;
- nunca aplicar o tratamento a um paciente que esteja de estômago cheio;
- nunca tratar pacientes com doenças cardíacas graves ou mulheres grávidas;
- evitar os casos cuja pele apresente claramente contusões, cicatrizes ou áreas infectas;

- interromper o tratamento se os sintomas agravarem ou não se observar nenhuma melhora.

Um último cuidado, entretanto importante, é a dietoterapia, uma vez que a dieta tem uma grande importância, já que alguns alimentos apresentam efeitos contrários e são irritantes.

Durante o tratamento é prudente evitar:

— alimentos ou bebidas geladas;
— alimentos ácidos;
— bebidas alcoólicas;
— substâncias como pimenta, molhos picantes, temperos de sabor forte etc.;
— frutos do mar, lagosta, camarão, caranguejo;
— carne vermelha;
— bebidas com gás;
— frituras em geral.

A MOXA

A moxabustão possui a propriedade de aquecer o ponto, de remover as obstruções dos "canais", eliminar o frio e a umidade, normalizando a circulação energética nos diversos meridianos, além de favorecer as variações elétricas e enzimáticas da pele.

Como princípio terapêutico, o calor é muito mais eficiente quanto menor a fonte de onde este é irradiado e quanto mais precisa seja a localização de sua aplicação, como na acupuntura. Essa prática só fortalece suas propriedades terapêuticas, muito mais do que se observa, por exemplo, quando aplicamos uma lâmpada de raios infravermelhos em uma área muito extensa.

A histologia coloca em evidência a ação reflexoterápica da pele que possui receptores capazes de captar todo tipo de estímulo proveniente do exterior, que através das fibras nervosas serão transmitidos ao cérebro. Os receptores que estão conectados à sensibilidade térmica são os corpúsculos de Krause, os de Ruffini e as vias termoanalgésicas.

O método mais praticado e difundido para o uso da moxa é aquele do bastão de artemísia. A artemísia (*Artemisia vulgaris*) é uma planta que cresce principalmente na China, dotada de particulares propriedades curativas.

Devidamente manufaturada[1] é transformada em bastões, bolas ou cones e eventualmente se usa em seu estado mais bruto. Quando incandescente esta irradia calor e raios infravermelhos.

É desde a antiguidade que a moxa tem sido aplicada em conjunto à acupuntura como método terapêutico. Os médicos ainda hoje põem bolas de artemísia diretamente sobre a pele ou na ponta do cabo da agulha que se encontra inserida no ponto, irradiando desta forma o calor em profundidade.

Clinicamente existem três métodos de aplicação:

Aplicação direta: cones aplicados diretamente na pele. Este tipo de moxabustão pode deixar uma cicatriz grande ou pequena conforme o grau de cauterização, para evitar a cicatriz teremos de remover o cone antes deste se consumir totalmente. Dependendo do objetivo pretendido, podemos colocar entre o cone e a pele uma fatia muito fina de gengibre. No caso específico do umbigo, o encheremos de sal para em seguida apoiarmos o cone neste.

NT[1]: Entendamos por este processo, a colheita, secagem e moagem da planta, inclusive a embalagem em diversas formas, dependendo de sua origem (China, Coréia, Japão).

Aplicação indireta: use-se o bastão a uma distância segura da pele. Aproximando-se e distanciando-se verticalmente em relação à pele.

Aplicação com a agulha aquecida: insere-se a agulha no ponto, envolvendo o cabo desta com a lã de moxa e em seguida acendemos.

Este método se adapta àqueles pacientes que sofrem de dores articulares, desmineralização dos ossos e doenças crônicas.

Todavia estou convencido de que o uso constante dos bastões pode dar os mesmos resultados, porém necessitando de um tempo maior.

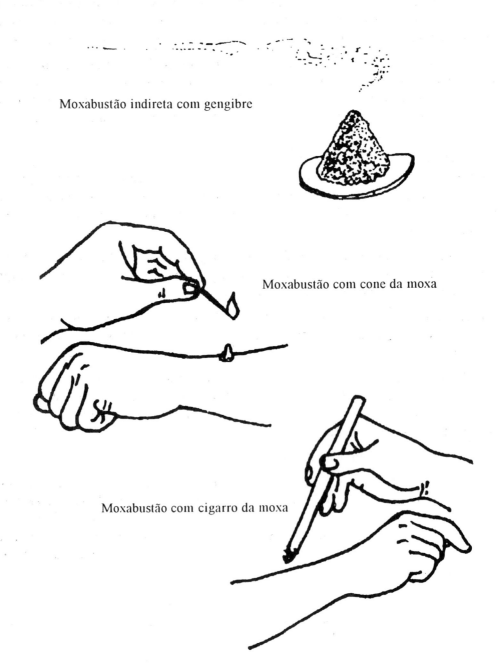

Moxabustão indireta com gengibre

Moxabustão com cone da moxa

Moxabustão com cigarro da moxa

ACUPUNTURA

A acupuntura é aquela técnica que faz uso de agulhas para prevenir e curar diversas patologias.

Sua aplicação é fundamental nas patologias dolorosas, pois a função analgésica é logo sentida pelo paciente, que com isso obtém um efeito benéfico imediato.

As vantagens da acupuntura são múltiplas: a simplicidade de seu uso, a total ausência de remédios ou substâncias tóxicas, os rápidos resultados e a certeza de que em mãos experientes não teremos nenhuma complicação.

Os instrumentos da acupuntura, como já dito, são as agulhas, estas podem variar de comprimento e diâmetro totalizando 18 tipos.

Os pontos utilizados se encontram nos meridianos, fora dos meridianos, no crânio, nas orelhas e podem ser utilizados individualmente ou acoplados.

A procura de tais pontos poderá ser efetuada manualmente ou eletricamente.

A técnica de aplicação da acupuntura poderá ser manual, elétrica ou associada.

Pode-se tonificar inserindo a agulha lentamente, pode-se sedar a energia inserindo a agulha rapidamente. Com a inserção efetuada em lugar ou de maneira incorreta, existe a possibilidade de ocorrerem algumas complicações, tais como infecções, desmaios, granuloma devido a corpo estranho etc.

O número de atendimentos varia conforme as patologias. A patologia pode ser aguda, portanto, necessitando de um maior número de atendimentos num curto período de tempo enquanto que na crônica será necessário atendimento constante durante um longo período de tempo. A duração média de cada atendimento é de 15-30 minutos.

A profundidade da inserção é variável, geralmente de alguns milímetros até o máximo de 3 cm, conforme o corpo do paciente e suas dimensões, a idade, o aspecto da pele e a forma de manifestação de sua enfermidade.

TEORIA DOS CINCO ELEMENTOS

A teoria dos cincos elementos afirma que as substâncias de base que constituem o mundo material são madeira, fogo, terra, metal e água.

Entre esses elementos existe uma interação e um controle recíproco que determina seu contínuo movimento e mutação. Esta teoria explica sua relação de estímulo, controle, dominação e contra-dominação. Na medicina tradicional chinesa, a teoria dos cinco elementos é aplicada para classificar em diversas categorias os fenômenos naturais, os órgãos e as vísceras do corpo humano, além de interpretar a relação fisiopatológica do corpo com o meio ambiente e explicar as mutações, o mecanismo e o decurso das doenças, colocando em evidência que quando um órgão ou víscera é atingido por uma patologia, outros também poderão ser danificados pela mesma.

Os chineses afirmam a existência de dois ciclos que ilustram esta interação entre os elementos. No primeiro – ciclo de geração (estímulo e controle) – cada elemento gera o sucessivo. A ordem de geração é: a madeira produz o fogo, o fogo produz a terra, a terra produz o metal, o metal produz a água, a água produz a madeira. Neste tipo de produção recíproca, cada elemento é cada um a seu tempo "produtor" e "produzido".

O elemento produtor representa a "mãe" e o elemento produzido representa o "filho", portanto, também, cada órgão ou víscera é a mãe de cada órgão ou víscera que lhe sucede no circuito dos meridianos e ao mesmo tempo o filho do órgão ou da víscera que o precede.

Em definitivo a lei "mãe e filho" afirma: se um meridiano está vazio de energia, será necessário tonificar a mãe deste, se está cheio sedaremos o filho.

Neste ciclo citado anteriormente existe o controle recíproco dos cinco elementos, a ordem é a seguinte: a madeira controla a terra, que controla a água, a água controla o fogo, que controla o metal, e o metal controla a madeira. Podemos afirmar que a geração e o controle são interdependentes e entre estes existe uma relação de oposição e de cooperação.

Deste modo, no crescimento existe o controle e no controle existe o crescimento.

É mantido assim um equilíbrio que assegura um crescimento harmonioso das coisas.

No segundo – ciclo de destruição – um excesso ou uma deficiência entre os cinco elementos provocará alguns fenômenos anormais conhecidos como agressão* e contradominação*.

NT*: Na literatura publicada no Brasil, a terminologia usada é variável, podendo ser encontrado também como exagero e neutralização.

A agressão é um ultraje de um órgão forte que oportunamente agride um órgão fraco. A seqüência de movimento da energia dos elementos no ciclo da agressão é igual ao da dominação, com a diferença de que este tem efeitos prejudiciais. Contradominação significa que ao tomarmos como referência o ciclo de geração, o elemento sempre subseqüente na seqüência ultrajará o anterior, por este não temê-lo mais e o outro por não inibi-lo.

É importante evidenciar que os órgãos (YIN) e as vísceras (YANG) são opostos, porém um não pode existir sem o outro.

Praticamente cada órgão YIN tem uma víscera complementar YANG, juntos formam uma unidade cujo bom funcionamento permite a manutenção e equilíbrio destes mesmos.

Simplificando, digo que aos cinco elementos, correspondem cinco órgãos e cinco vísceras:

Água	Rim	Bexiga
Madeira	Fígado	Vesícula Biliar
Fogo	Coração	Intestino Delgado
	Circulação e Sexualidade	Triplo Aquecedor
Terra	Baço-Pâncreas	Estômago
Metal	Pulmão	Intestino Grosso

Por exemplo, o órgão(YIN) pulmão se encontra relacionado com a víscera (YANG), o intestino grosso.

Para que o intestino grosso tenha um livre fluxo de energia, será importante um perfeito funcionamento dos pulmões. Isso pode ser observado melhor no esquema acima que ilustra a ordem dos órgãos e suas respectivas vísceras na relação dos cinco elementos: o intestino grosso é precedido ou segue os pulmões. As relações que compreendem seja um órgão YIN ou uma víscera YANG põem em evidência a mesma funcionalidade da precedente relação pulmão – intestino grosso.

Também merece uma pequena pincelada a teoria de YIN-YANG, a qual afirma que todo fenômeno do Universo é constituído por dois aspectos opostos, denominados exatamente YIN e YANG que resultam ao mesmo tempo em conflito e interdependência.

A oposição de YIN e YANG representa a contraposição e a luta entre os dois opostos de cada fenômeno.

Na cultura oriental, a água e o fogo simbolizam as características fundamentais entre o YIN e o YANG.

A água (YIN) compreende o frio, a direção para baixo, a escuridão etc.

O fogo (YANG) compreende o calor, a direção para o alto, a claridade etc.

Em condições normais YIN e YANG se mantêm em um equilíbrio relativo, quando em condições anormais verifica-se o domínio de um sobre o outro.

A manifestação de um desequilíbrio entre YIN e YANG implica em uma enfermidade. Todos os métodos de tratamento e terapia deveriam ter como principal objetivo, harmonizá-los e equilibrá-los.

A figura 1 representa duas importantes leis da doutrina médica chinesa, diretamente ligadas à teoria dos cincos elementos e as relações existentes entre esses.

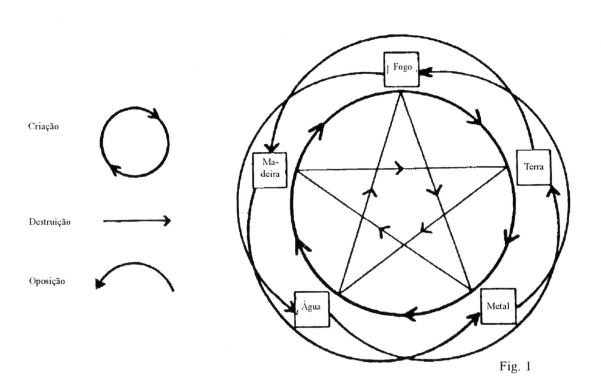

Fig. 1

As setas pretas (que giram em sentido horário) indicam o ciclo de geração: a madeira/fígado gera o fogo/calor e desta forma segue a seqüência.

As setas pretas (lineares) indicam o ciclo da dominação e do exagero. Ciclo da dominação: a madeira domina a terra (cobrindo-a), o fogo domina o metal (fundindo-o), a terra domina a água (absorvendo-a), o metal domina a madeira (cortando-a), a água domina o fogo (apagando-o).

As setas pretas (que rodam em sentido anti-horário) indicam o ciclo da contradominação.

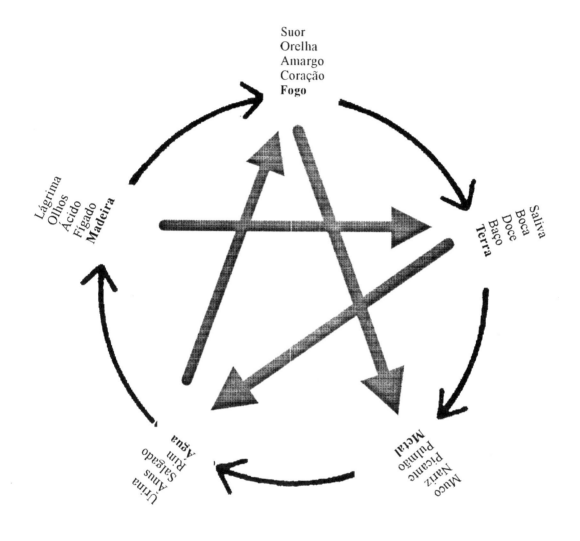

Fig. 2

A figura 2 põe em evidência a correlação entre os 5 elementos com os 5 órgãos, os 5 sabores, as 5 aberturas do corpo e os 5 humores.

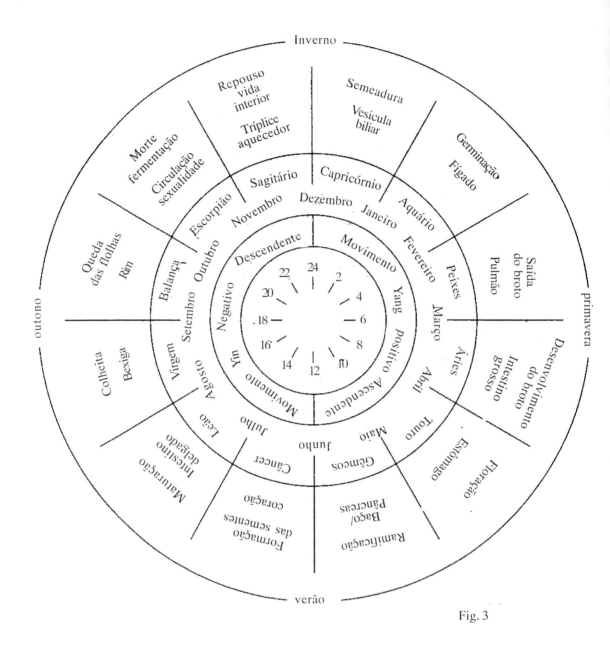

Fig. 3

A figura 3 relaciona a circulação energética no organismo humano segundo um ciclo de 24 horas e com um ritmo bem determinado, promovendo uma coligação entre os signos zodiacais, as estações e os horários de maior integridade energética com os órgãos e vísceras.

OS MERIDIANOS E A CIRCULAÇÃO ENERGÉTICA

Antes de introduzirmos a explicação e a ilustração dos pontos terapêuticos será útil lembrar ao leitor, algumas noções fundamentais sobre os meridianos. Enquanto o homem viver a sua energia, ela não deixará de circular. O movimento desta energia é qualidade intrínseca à vida. Para circular, a energia se serve de determinados trajetos nomeados de "meridianos" que são linhas imaginárias distribuídas em regiões precisas do nosso corpo.

Existem doze meridianos principais distribuídos bilateralmente no corpo, seis de origem Yang (positivo) e seis de origem Yin (negativo). Além destes conhecemos oito meridianos extraordinários, dos quais apenas dois* possuem seus próprios pontos de acupuntura, os restantes utilizam os pontos ao longo dos meridianos principais.

Os pontos utilizados em acupuntura são cerca de 1444, mas é importante ressaltar que o acupunturista conheça pelo menos 459 diferentes localizações, sendo que muitas destas são bilaterais.

Toda esta quantidade de pontos poderia dar a impressão de um verdadeiro caos, mas para sorte de todos a experiência, com o tempo, identificou os principais, que regulam a energia dos meridianos e reequilibram o corpo.

Os pontos de maior importância terapêutica são:

Ponto de Tonificação: a estimulação aumenta a energia no meridiano correspondente;

Ponto de Sedação: como o próprio nome sugere, a estimulação deste tem o propósito de sedar a energia;

Ponto Fonte: fortalece ação do ponto de tonificação e dispersão regularizando as funções do meridiano. Aconselha-se estimular este ponto sempre que se tonificar ou sedar a energia;

Ponto de Reunião: importante, pois sua função se estende a um grupo de meridianos e funções;

Ponto Luo: permite a ação sobre os meridianos acoplados equilibrando sua energia;

NT*: Os dois meridianos citados que possuem pontos próprios são conhecidos por nós como Vaso Governador (Du Mai) e Vaso da Concepção (Ren Mai). Os outros são conhecidos como Vasos Maravilhosos.

Ponto de Assentimento: encontra-se no meridiano da Bexiga, correspondendo a uma determinado órgão ou víscera. Sua estimulação permite uma ação de regularização complementar àquela dada pelo ponto principal.

Nos mais antigos tratados chineses, se diz que a energia do corpo circula ininterruptamente nos doze meridianos, nos quais encontramos os pontos acima citados.

Observando o percurso dos doze meridianos principais é possível seguir a circulação energética, que começa no meridiano do Pulmão, aflora à superfície, corre ao longo da parte interna do braço até o polegar, onde se intersecciona com o meridiano do Estômago, que traz de volta a energia para baixo etc.

Esta circulação permite à acupuntura, à digitopuntura e à moxabustão, desviar a energia em excesso de um meridiano, para o seguinte ou precedente, ao longo de seu percurso energético. A seqüência deste fluxo energético é a seguinte: Pulmão – Intestino Grosso – Estômago – Baço – Coração – Intestino Delgado – Bexiga – Rim – Circulação/Sexualidade – Triplo Aquecedor – Vesícula Biliar – Fígado.

É importante seguir mentalmente a energia do corpo humano de modo a manter equilibrada a energia vital do nosso organismo, seguindo sempre o percurso dos meridianos.

Teoria por mim definida de "massagem mental ao redor do Universo".

Com o intuito de economizar ao máximo a energia, inclusive controlando, freando e reenviando o ato da ejaculação de dez a vinte e mais vezes durante o ato sexual, esta prática leva a uma maior determinação, força de vontade e a um ótimo equilíbrio psicofísico.

MEDIDAS DIGITAIS PROPORCIONAIS

Nas localizações dos pontos usamos como referência o CUN*, ou polegada chinesa, correspondente à distância entre a primeira e segunda articulação da falange do dedo médio do paciente dobrado, a formar um círculo com o polegar:

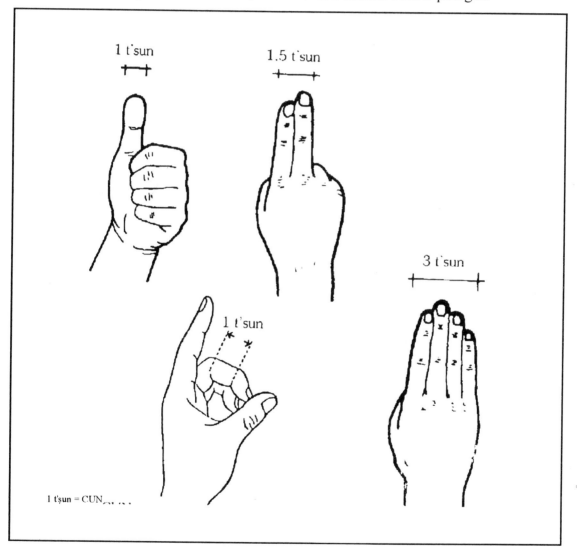

NT*: Encontramos esta medida em outras literaturas, citada também como tsun, lembrando aos leitores que é individual.

MERIDIANO DOS PULMÕES (L – P)

É um meridiano Yin e compreende 11 pontos de tratamento. Começa no lado anterior do tórax, próximo ao ombro, descendo ao longo do braço e terminando no ângulo ungueal medial do polegar.

Os pontos principais são:

Ponto de Tonificação, que ao mesmo tempo é ponto fonte (L9-P9- Taiyuan): estimular nos casos de debilidade pulmonar e dificuldades respiratórias de qualquer tipo....

Ponto de Sedação (L5-P5- Chize): estimula-se nos casos de congestão pulmonar e asma.

Ponto Fonte (L9-P9-Taiyuan): estimula-se nos casos de afecções linfáticas e vasculares, cefaléia, depressão, asma, arritmias cardíacas.

Ponto Luo (L7-P7-Lieque): ponto de passagem, estimula-se em todas as afeções inflamatórias, bronquites, tosse....

Ponto de Alarme (L1-P1-Zhonfu): usa-se para todas as infecções agudas do aparelho respiratório, rinite, asma, ansiedade, insônia, astenia...

Ponto de Assentimento (B13-B13-Feishu): estimula-se nas infeções dos pulmões, do intestino e da pele...

Outros pontos principais de estimulação neste meridiano utilizados em terapia são os 2 e 3, com os quais são curados problemas de tosse, amigdalite, congestão cerebral; os pontos 6 e 8, que curam laringite, vômitos e espasmos no esôfago e o ponto 10, para problemas de depressão nervosa, cefaléia, asma e tosse.

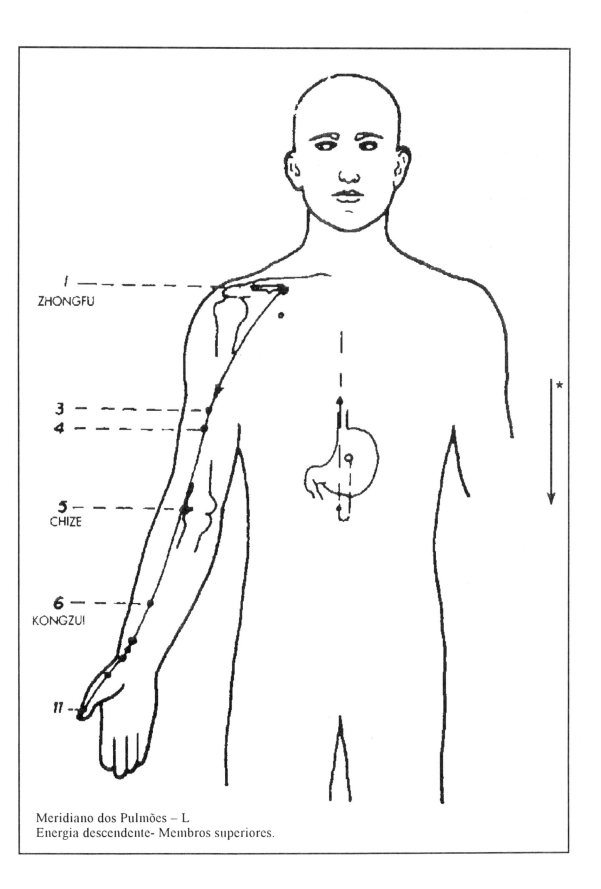

Meridiano dos Pulmões – L
Energia descendente- Membros superiores.

MERIDIANO DO INTESTINO GROSSO (LI–IG)

Meridiano Yang com 20 pontos de tratamento. Tem seu começo na última falange do indicador e termina ao lado da asa do nariz.

Os pontos principais são:

Ponto de Tonificação e ponto Ho (LI11 – IG11 – Quchi): estimula-se este ponto nos casos de febre, amigdalite, nevralgia do braço e do ombro.

*Pontos de Sedação (*LI3 – IG3 – Sanjian):estimulado nos casos de diarréia e torcicolo; (LI2 – IG2 – Erjian): estimulado nos casos de laringite e odontalgia.

Ponto Fonte (LI4 – IG4 – Hegu): estimulados nos casos de angina amidalítica, dor de cabeça.

Ponto Luo (LI6 – IG6 – Pianli): estimular nos casos de zumbidos nos ouvidos e odontalogia...

Ponto de Alarme (S25 – E25 – Tianshu): trata-se nos casos de gastrites ou gastroenterites agudas ou crônicas, dismenorréia, leucorréia, esterilidade, metrorragia...

Ponto de Assentimento (B25 – B25 – Dachangshu): estimula-se nas afeções do intestino grosso e do reto, hérnia de disco e lombar, uretrite e incontinência urinária.

Além disso são bastante usados também os pontos 1 e 5, para tratar as nevralgias dentárias e as cefaléias; o ponto 12, para tratar as dores no braço; o ponto 13, para o reumatismo articular e o ponto 16, para vômitos e convulsões, tosse e afeções do cólon.

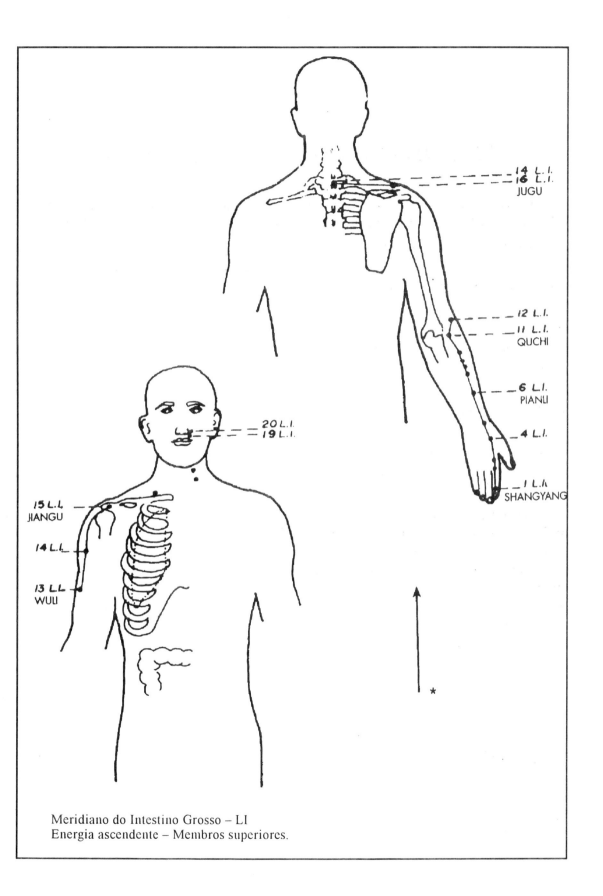

Meridiano do Intestino Grosso – LI
Energia ascendente – Membros superiores.

MERIDIANO DO ESTÔMAGO (S – E)

Meridiano de tipo Yang com 45 pontos de tratamento. Começa na parte superior externa do músculo facial e termina na última falangeta do segundo dedo do pé.

Os pontos principais são:

Ponto de Tonificação (S41 – E41 – Jiexi): estimula-se nos casos de reumatismo, constipação, cefaléia, astenia...

Ponto de Sedação (S45 – E45 – Lidui): estimula-se nos casos de incômodo gástrico, indigestão, insônia...

Ponto Fonte (S42 – E42 – Chongyang): estimula-se nos casos de vômitos, vertigens...

Ponto Luo (S40 – E40 – Fenglong): utilizado nos casos de distúrbios mentais, anúria (diminuição ou supressão urinária)...

Ponto de Alarme (CV12 – VC12 – Zhongwan): utilizado para qualquer tipo de dor ou afeção gástrica...

Ponto de Assentimento (B21 – B21 – Weishu): utilizado nas patologias inerentes ao aparato digestivo, afeções oculares, dores na coluna vertebral...

Outros pontos principais de estimulação deste meridiano são o ponto 22, para problemas de gastrite e incontinência urinária; o ponto 30, para todas as afeções dos órgãos genitais femininos e masculinos; o ponto 36, muito importante, que encontra-se na face externa da perna, tem tamanha potência que o menor erro em sua localização diminui a ação do estímulo, porém sem anulá-lo. O bom êxito é determinado por uma sensação de entorpecimento da perna. Usa-se principalmente para aumentar as defesas imunológicas do organismo.

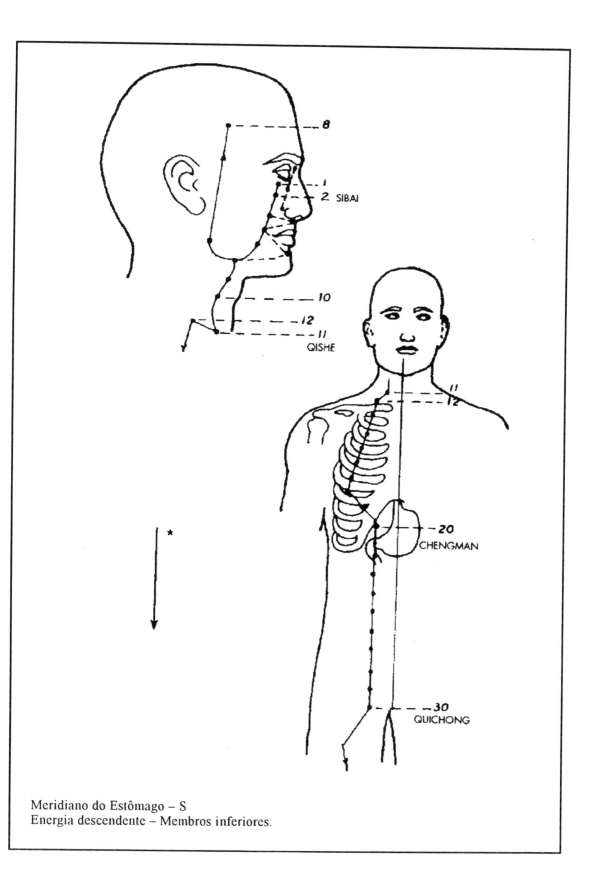

Meridiano do Estômago – S
Energia descendente – Membros inferiores.

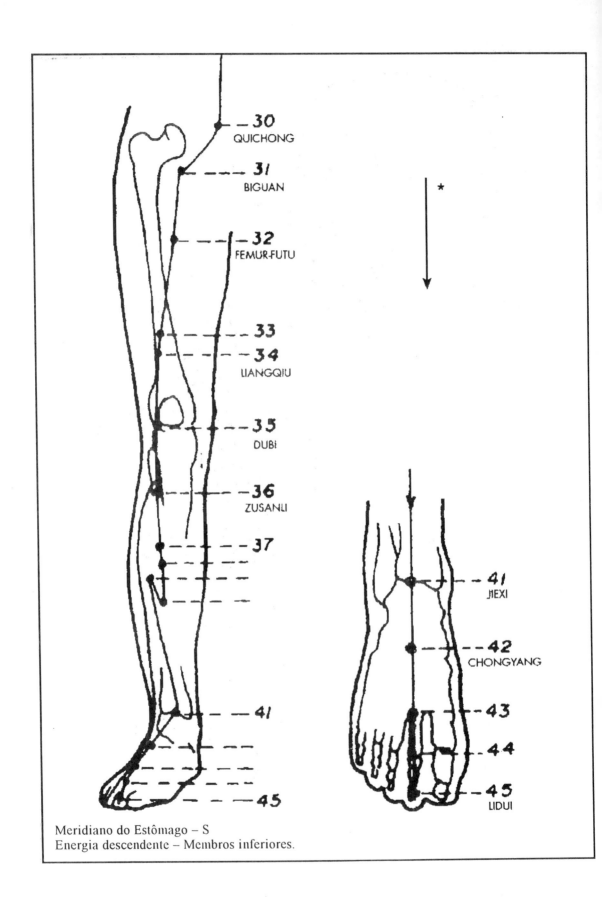

Meridiano do Estômago – S
Energia descendente – Membros inferiores.

MERIDIANO DO BAÇO (SP – BP)

Meridiano Yin com 21 pontos de tratamento. Começa na extremidade do hálux sobre a borda interna e termina sob a axila ao nível da sétima costela.

Os pontos principais são:

Ponto de Tonificação (Sp2 – BP2 – Dadu): favorece o crescimento das crianças. Estimula-se nos casos de náuseas, vômitos, diarréia...

Ponto de Sedação (Sp5 – BP5 – Shangqui): estimula-se nos casos de dores provocadas por varizes ou por hemorróidas...

Ponto Fonte (Sp3 – BP3 – Taibai): estimula-se nos casos de dores epigástricas, má digestão...

Ponto Luo (Sp4 – BP4 – Gongsun): estimula-se nos casos de dores cardíacas, vômitos, edemas, agitação, astenia...

Ponto de Alarme (Sp15 – Bp15 – Daheng): estimula-se nos casos de exaurimento nervoso, epilepsia, constipação...

Ponto de Assentimento (B20 – B20 – Pishu): utilizado em todos os casos de afeções do estômago, do pâncreas, do baço e do sistema linfático...

Outros pontos principais de estimulação deste meridiano usados em terapia são: o ponto 1 para curar a diarréia e menstruações abundantes, o ponto 7 para problemas com má digestão, o ponto 10 para anestesia e o ponto 11 para afeções do aparato urinário.

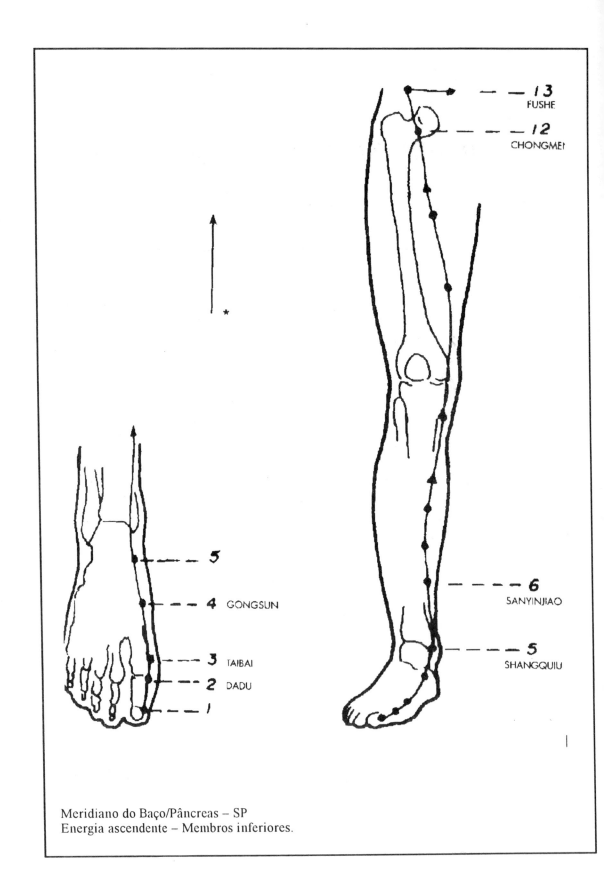

Meridiano do Baço/Pâncreas – SP
Energia ascendente – Membros inferiores.

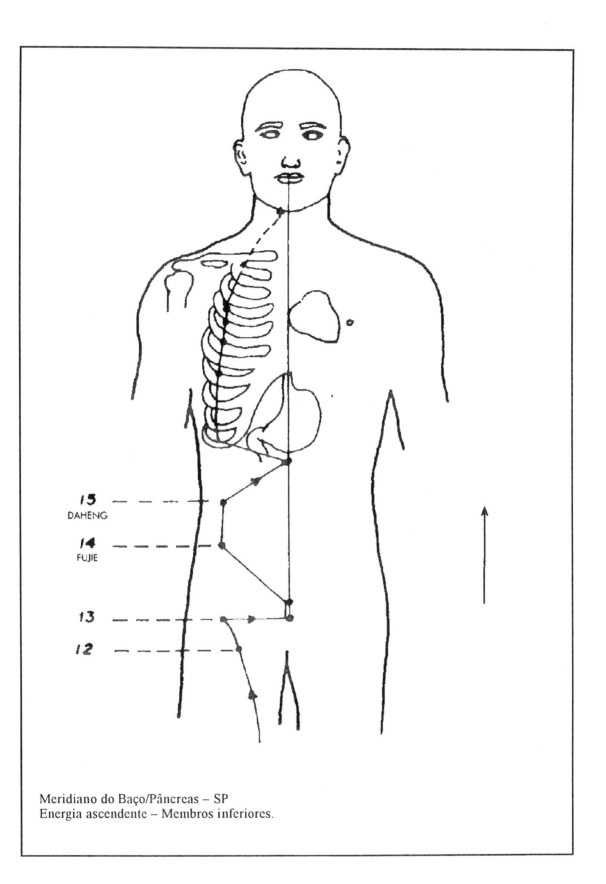

Meridiano do Baço/Pâncreas – SP
Energia ascendente – Membros inferiores.

MERIDIANO DO CORAÇÃO (H – C)

Meridiano de tipo Yin com 9 pontos de tratamento. Começa no centro do cavo axilar e termina na extremidade do dedo mínimo em sua face dorsal.

Os pontos principais são:

Ponto de Tonificação (H9 – C9 – Shaochong): estimula-se nos casos de arritmia, bradicardia, depressão, prurido vulvar.

Ponto de Sedação (H7 – C7 – Shenmen): estimula-se em caso de palpitações de origem nervosa, hipertensão etc.

Ponto Fonte (H7 – C7 – Shenmen): estimula-se em caso de palpitações de origem nervosa, hipertensão etc.

Ponto Luo (H5 – C5 Tonli): estimula-se nos casos de distúrbios do sistema nervoso, hipermenorrea, menorragia etc.

Ponto Alarme (CV14 – VC14 – Juque): estimulado nos casos de ansiedade, hipotensão, vômito...

Ponto de Assentimento (B15 – B15 – Xinshu): estimulado em todas as afeções do coração, ansiedade, bronquite...

Os principais pontos de estimulação deste meridiano usados nos tratamentos são: o ponto 1, para curar a diarréia, nevralgias intercostais e dores cardíacas; o ponto 7, para curar a hipertensão; o ponto 8, para curar a incontinência urinária, nevralgias, prurido no aparato genital.

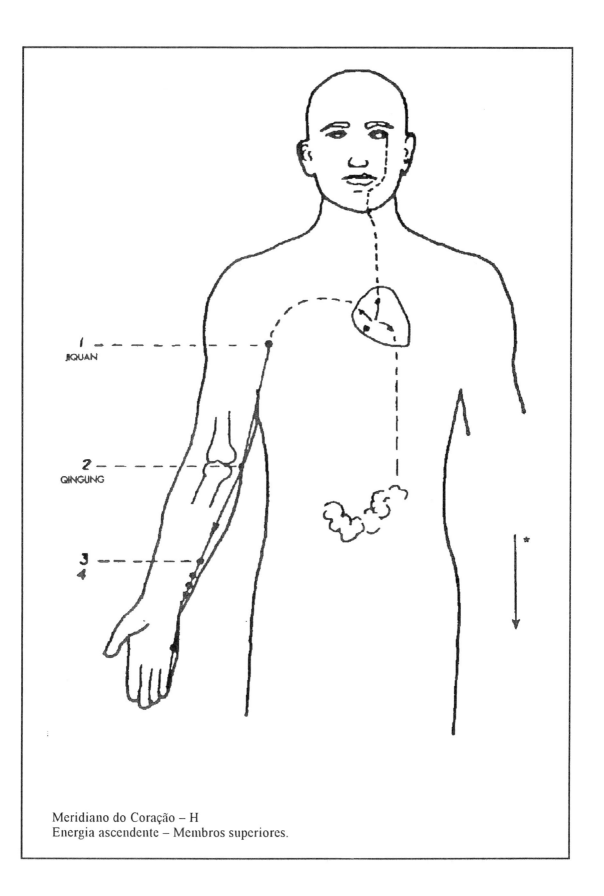

Meridiano do Coração – H
Energia ascendente – Membros superiores.

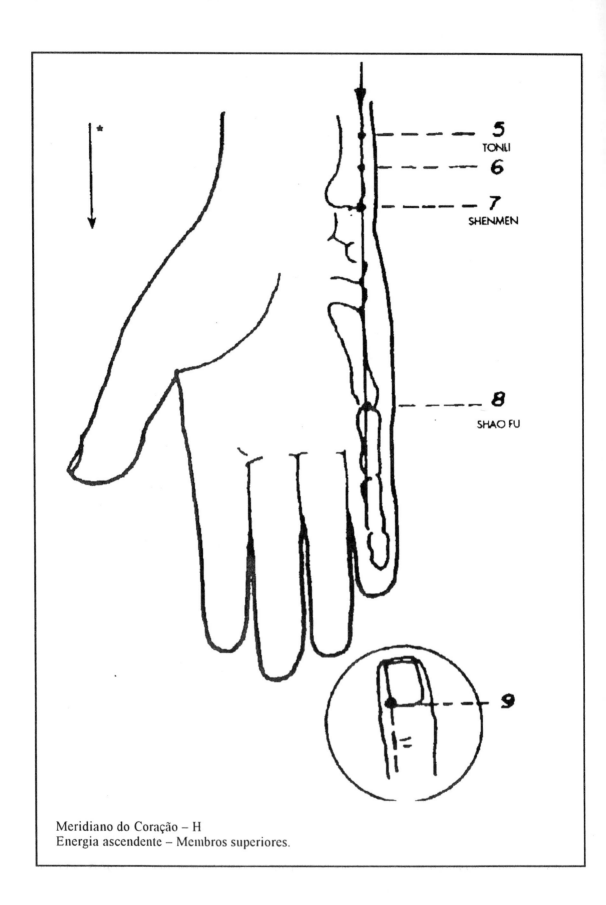

Meridiano do Coração – H
Energia ascendente – Membros superiores.

MERIDIANO DO INTESTINO DELGADO (SI–D)

Meridiano de tipo Yang, com 19 pontos de tratamento. Começa na face dorsal do dedo mínimo, sobe ao longo da borda interna do membro superior e termina na frente da orelha.

Os pontos principais são:

Ponto de Tonificação (SI 3 – ID 3 – Houxi): estimula-se nos casos de dores no intestino delgado, surdez etc.

Ponto de Sedação (SI 8 – ID 8 – Xiaohai): estimula-se nos casos de nevralgia braquial, surdez.

Ponto Fonte (SI 4 – ID 4 – Wangu): estimula-se nos casos de vômitos, cefaléias, inflamações oculares.

Ponto Luo (SI 7 – ID 7 – Zhizheng): estimula-se em casos de dores nos dedos, terçol.

Ponto de Alarme (CV4 – VC4 – Guanyuan): estimula-se em casos de espermatorréia, impotência, dismenorréia, feto mal posicionado, esterilidade, meno e metrorragia. Ponto antiestresse.

Ponto de Assentimento (B27 – B27 – Xiaochangshu): tratado em todas as afeções do intestino delgado e todos os distúrbios da nutrição da absorção, além das artroses na articulação sacroilíaca.

Outros pontos importantes para o tratamento deste meridiano são: o ponto 2, para curar os problemas de zunido nas orelhas tosse e bronquite; os pontos 5 e 6, para curar tonturas e enfraquecimento das vistas.

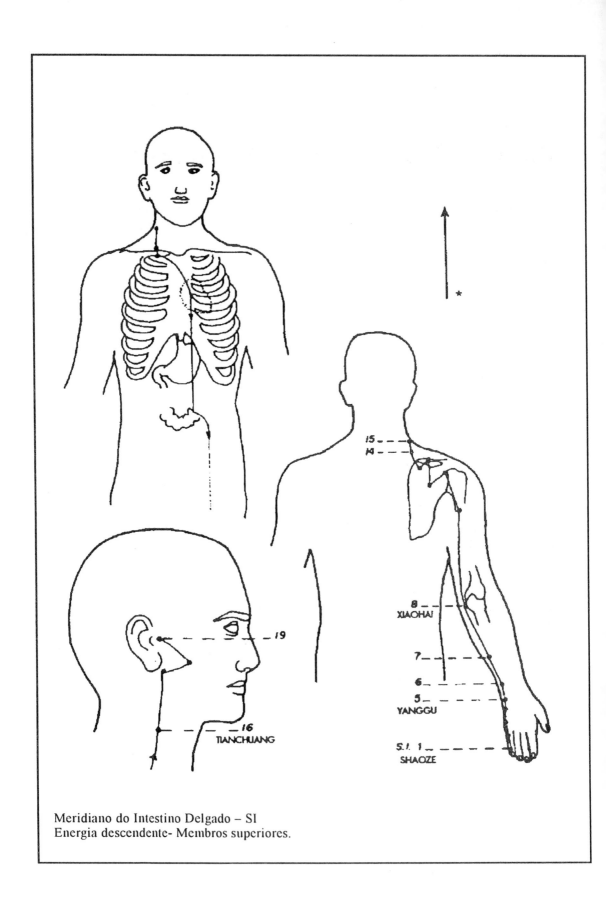

Meridiano do Intestino Delgado – SI
Energia descendente- Membros superiores.

MERIDIANO DA BEXIGA (B)

Meridiano de tipo Yang com 67 pontos de tratamento. Começa no nível do ângulo interno do olho e termina na última falange do quinto dedo do pé, externamente.

Este meridiano possui o maior número de pontos de tratamento.

Os pontos principais são:

Ponto de Tonificação (B67 – Zhiyin): estimula-se nos casos de distúrbios gerais dolorosos, correção de má posicionamento fetal é preferível tratar-se com moxa.

Ponto de Sedação (B65 – Shugu): estimula-se nos casos de congestão da bexiga, furúnculos, cefaléia, epilepsia.

Ponto Fonte (B64 – Jinggu): estimula-se no caso de dor cardíaca, catarata.

Ponto Luo (B58 – Feiyang): estimula-se nos casos de hemorróidas, vertigens, cistites, prostatite.

Ponto de Alarme (CV3 – VC3 – Zhongji): estimula-se nos casos de astenia, exaurimento nervoso, esterilidade masculina, uretrite, prostatite, amenorréia, dismenorréia, incontinência urinária, meno e metrorragia.

Ponto de Assentimento (B28 – Pangguangshu): estimula-se no caso de todas as afeções da bexiga, das vias urinárias baixas e todos os distúrbios da micção, dores da região lombossacral.

Outros pontos mais usados para tratamento são: o ponto 1, para curar todas as enfermidades do olho; o ponto 12, para resfriado e bronquites; o ponto 21, para distúrbios digestivos; o ponto 54, para lombalgia e o ponto 62, para as cefaléias e as dores menstruais.

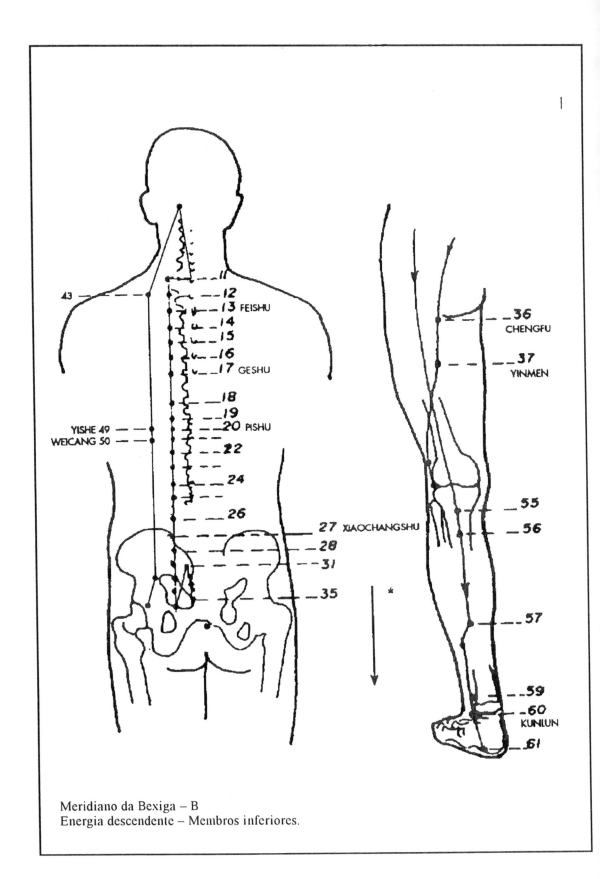

Meridiano da Bexiga – B
Energia descendente – Membros inferiores.

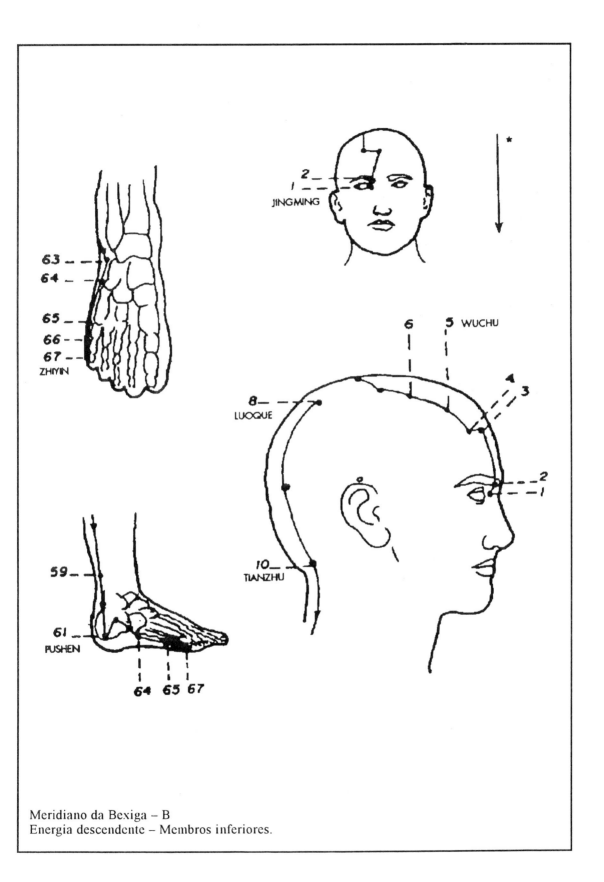

Meridiano da Bexiga – B
Energia descendente – Membros inferiores.

MERIDIANO DOS RINS (K – R)

Meridiano Yin com 27 pontos.

Começa na planta do pé e termina abaixo da clavícula na base do pescoço.

Os pontos principais são:

Ponto de Tonificação (K7 – R7 – Fuliu): estimula-se nos casos de suores noturnos, peritonite, orquite (inflamação dos testículos), insuficiência supra-renal.

Ponto de Sedação (K1 – R1 – Youngquan): estimula-se nos casos de palpitações, esterilidade feminina, faringite, laringite.

Ponto Fonte (K3 – R3 – Taixi): estimula-se nos casos de dores cardíacas, tosse, distúrbios do aparato gastrointestinal.

Ponto Luo (G25 – Jingmen): estimula-se nos casos de dores de coluna vertebral, emotivada.

Ponto de Alarme (GB25 – VB25 – Jingmen): estimula-se nos casos de cistite, cistopielite, cólicas renais, dores e inchaços abdominais.

Ponto de Assentimento (B23 – B23 – Shen-shu): estimula-se nos casos de falta de energia e de vontade, diabete, nefrites, uretrites, cistite, prostatite, impoentia coendi e generandi, lombalgia, acúfenos, hipoacusia.

Os pontos mais freqüentemente tratados são: o ponto 4, para regularizar a circulação energética no interno deste meridiano; o ponto 2, para curar a hipertensão arteriosa; o ponto 6, para amigdalite e insônia; o ponto 8 para irregularidades menstruais e o ponto 10, nos casos de dores no joelho, distúrbios digestivos, sciallorea, distúrbios nos órgãos genitais.

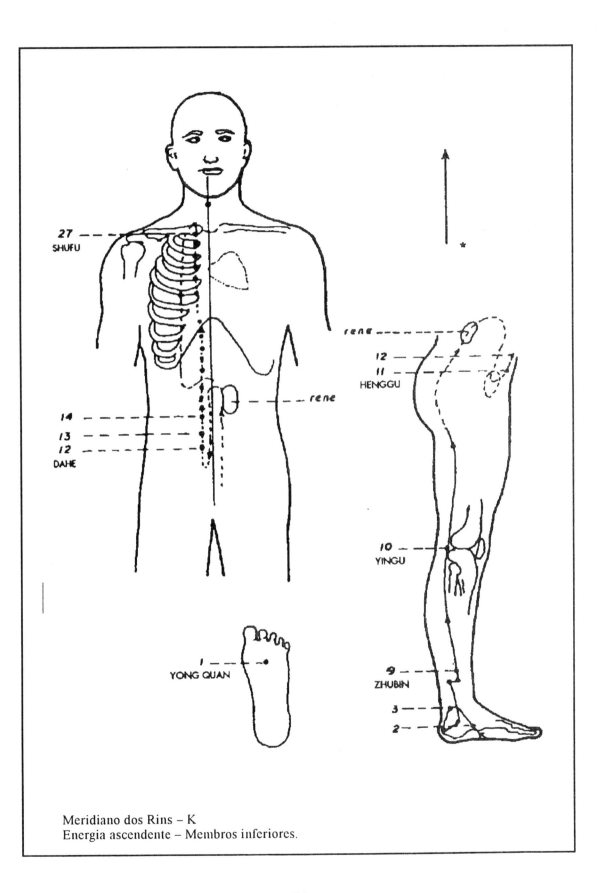

Meridiano dos Rins – K
Energia ascendente – Membros inferiores.

MERIDIANO CIRCULAÇÃO-SEXO
(P – CS)

Meridiano Yin com 9 pontos de tratamento.

Tem seu começo na gaiola torácica na altura do mamilo, 2 cm para o lado de fora, ramifica-se até a 2ª costela, para terminar na extremidade externa do dedo médio; sua ação interessa principalmente a circulação do sangue, do coração e dos órgãos sexuais.

Os pontos principais são:

Ponto de Tonificação (P9 – CS9 Zhongchong): estimula-se nos casos de distúrbios cardíacos, hipotensão, ansiedade.

Ponto de Sedação e Fonte (P7 – CS7 Daling): estimula-se nos casos de miocardite, cefaléia, hipertensão alterial.

Ponto Luo (P6 – CS6 Neiguan): estimula-se nos casos de dores cardíacas, facilita a expulsão da placenta.

Ponto de Alarme (P1 – CS1 Tianchi): usa-se estimulá-lo para todas as afeções do aparelho respiratório, impotência, ansiedade.

Ponto de Assentimento (B14 – B14 Jueyinshu): estimula-se para todas as alterações das funções cardíacas, do pericárdio da sexualidade, arritmias, palpitações, pericardite e soluço.

Outros pontos principais de tratamento são: o ponto 1, para curar a pericardite, congestão cerebral; o ponto 2, para curar enfraquecimento da visão, afeções cardíacas e pulmonares; o ponto 3, para esterilidade feminina e miocardite; o ponto 4, para curar hemorróidas, vômitos de sangue, paralisia dos músculos adutores dos braços e dos dedos.

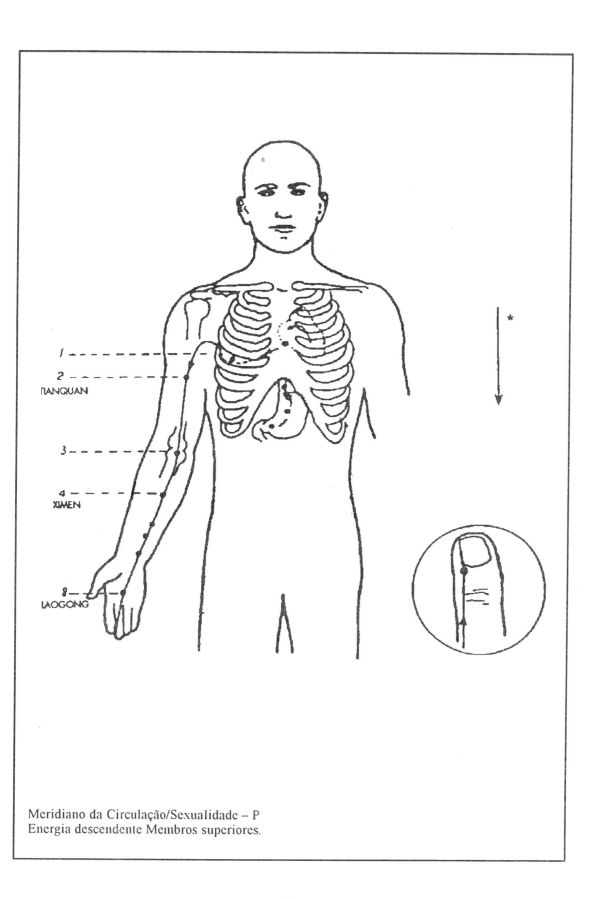

Meridiano da Circulação/Sexualidade – P
Energia descendente Membros superiores.

MERIDIANO DO TRIPLO AQUECEDOR (TE – TA)

Meridiano de origem Yang com 23 pontos de tratamento.

Começa sobre a face dorsal do anular, seguindo pela parte externa do membro superior, alcançando a parte inferior e posterior da orelha e após circundá-la alcança a sobrancelha, fixando-se na raiz da hélix.

Os ponto principais são:

Ponto de Tonificação (TE3 – TA3 Zhongzhu): estimula-se nos casos de amigdalite, vertigens, artroses.

Ponto de Sedação (TE10 – TA10 Tianjing): estimula-se nos casos de faringite, expectoração, dores na nuca.

Ponto Fonte (TE4 – TA4 Yangchi): estimula-se nos casos de febre intermitente, diabete.

Ponto Luo (TE5 – TA5 Waiguan): estimula-se nos casos de artrite, cefaléia, febre.

Ponto de Alarme (CV5 – VC5 Shimen): quando estimulado favorece a expulsão de pequenos cálculos urinários e também pode ser usado no tratamento dos casos de espasmos abdominais, dispepsia, enterocolite, apendicite.

Ponto de Assentimento (B22 – B22 Sanjiaoshu): estimula-se nos casos de astenia psicofísica, dores gástricas, graves distúrbios digestivos, afeções endócrinas.

Os maiores pontos de tratamento são: o ponto 1, para curar a nevralgia do braço e do cotovelo; o ponto 6, para dores cardíacas e anestesia; o ponto 8, para curar as afeções intestinais e afeções oculares; o ponto 9, para faringite e surdez; o ponto 12, para torcicolo; o ponto 16, para curar o edema facial, catarata, surdez, cervicalgia.

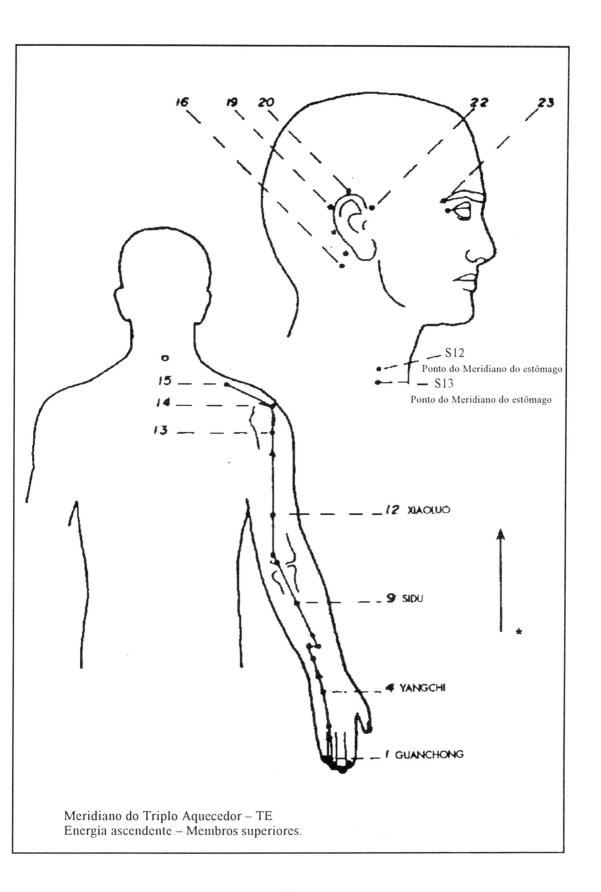

Meridiano do Triplo Aquecedor – TE
Energia ascendente – Membros superiores.

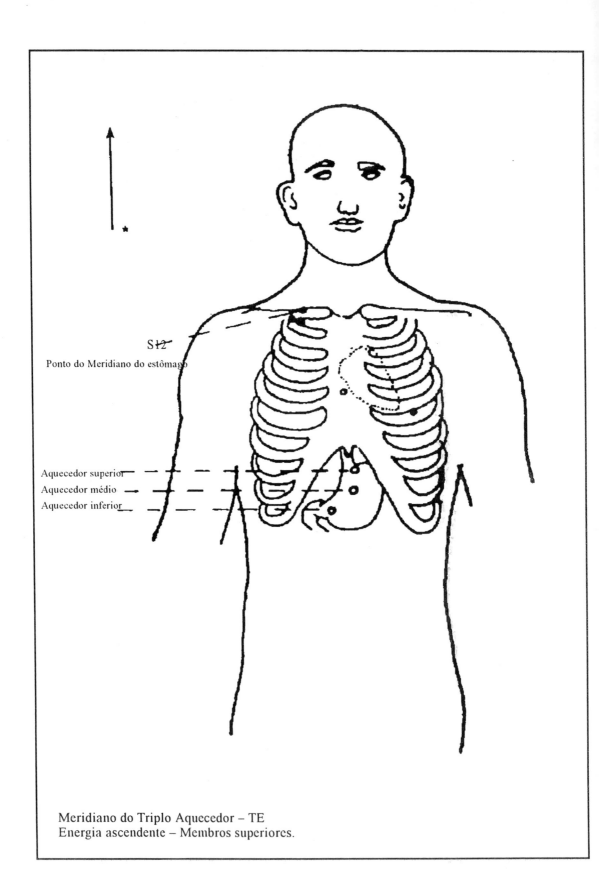

Meridiano do Triplo Aquecedor – TE
Energia ascendente – Membros superiores.

MERIDIANO DA VESÍCULA BILIAR (G – VB)

Meridiano Yang com 44 pontos.

Começa no ângulo externo do olho e termina na falangeta do quarto dedo do pé.

Os pontos principais são:

Ponto de Tonificação (G43 – VB43 Xiaxi): estimula-se nos casos de dor precordial, dor no pé.

Ponto de Sedação (G38 – VB38 Yangfu): estimula-se nos casos de dor de qualquer tipo, ciatalgia, lombalgia, insuficiência hepática.

Ponto Fonte (G40 – VB40 Qiuxu): lombalgia, dores na panturrilha, ceratite, dispnéia do frio e umidade.

Ponto Luo (G37 – VB37 Guangming): estimula-se nos casos de dores oculares, enxaqueca, cólicas biliares.

Ponto de Alarme (G23 – VB23 Zhejin): estimula-se nos casos de vômitos, cólicas gástricas, cólicas hepatobiliares, bronquite, estado depressivo com agitação.

Ponto de Assentimento (B19 – B19 Danshu): estimula-se em todas as afeções do fígado e das vias biliares, hepatite infecciosa, colecistite e cálculos biliares, cefaléia hipertensa.

Outros pontos principais de tratamento são:
– o ponto 8, para embriaguez, intoxicações;
– o ponto 20, para todos os distúrbios nervosos, vertigens, sinusite;
– o ponto 21, para parto difícil, hemorragia pós-parto, hipermenorréia;
– o ponto 25, para curar nefrite, hipertensão, cistite, costalgia;
– o ponto 33, para curar a artrite no joelho, ciática, otalgia, vômito, inflamação do ouvido, cefaléia.

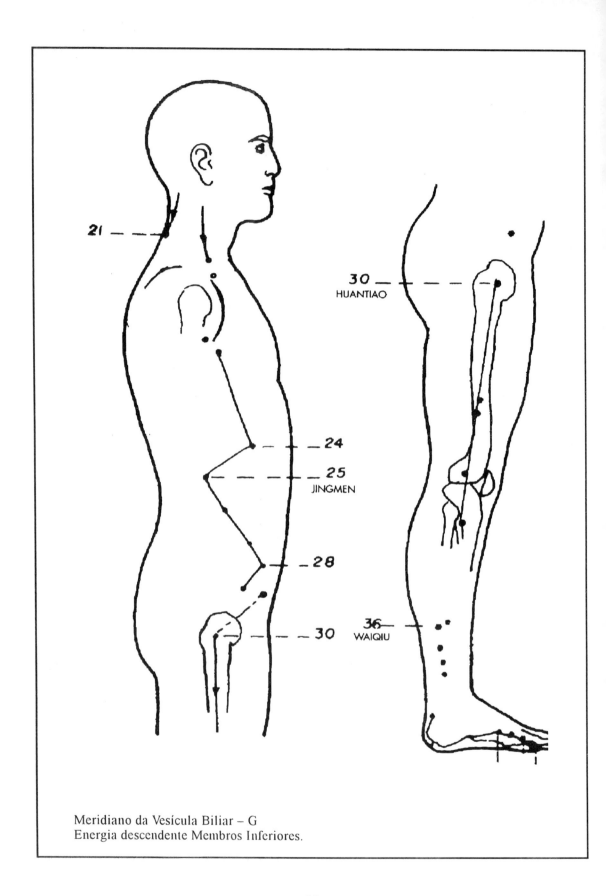

Meridiano da Vesícula Biliar – G
Energia descendente Membros Inferiores.

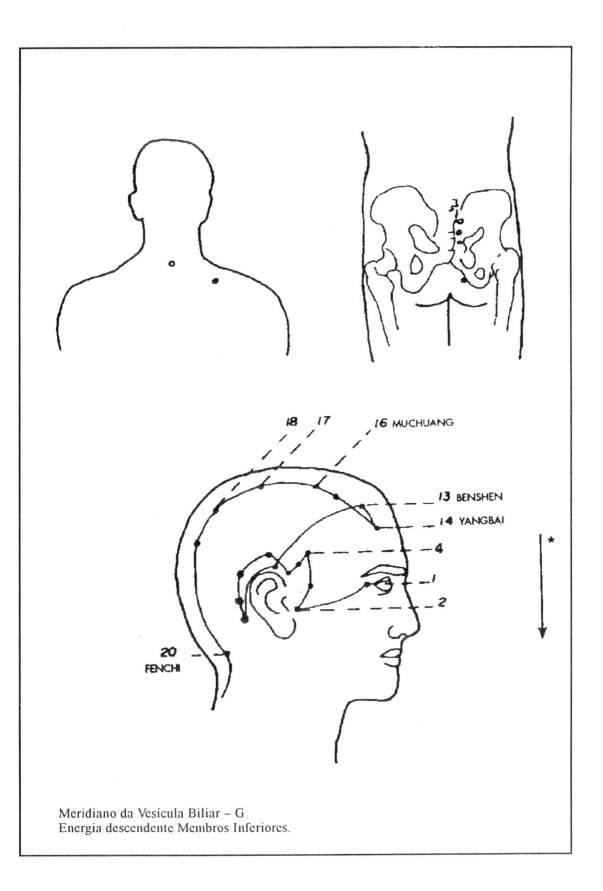

Meridiano da Vesícula Biliar – G
Energia descendente Membros Inferiores.

MERIDIANO DO FÍGADO (LIV – F)

Meridiano Yin com 14 pontos de terapia.

Começa sobre a face dorsal do halos e termina sobre a parte anterior no oitavo espaço intercostal.

Os pontos principais são:

Ponto de Tonificação (LIV8 – F8 Ququan): estimula-se nos casos de insuficiência hepática, diarréia, impotência, prurido vaginal.

Ponto de Sedação (LIV2 – F2 Xingjian): estimula-se nos casos de cãibras, irritabilidade.

Ponto Fonte (LIV3 – F3 Taichong): estimula-se nos casos de espasmos, gota.

Este ultimo tratado junto ao BP5 provoca o aborto.

Ponto Luo (LIV5 – F5 Ligou): estimula-se nos casos de distúrbios menstruais.

Ponto de Alarme (LIV14 – F14 Qimen): estimula-se nos casos de afeções pós-parto, febre, edema de Quincke, meteorismo, parto longo e difícil.

Ponto de Assentimento (B18 – B18 Gaushu): estimula-se nos casos de hemorróidas, em todas as afeções do fígado e das vias biliares, depressão, afeções crônicas dos olhos.

Outros pontos do meridiano que são utilizados para tratamento:
– o ponto 1, para curar hérnia, distúrbios urinários, sonolência constante, prolapso uterino;
– o ponto 7, para reumatismo articular (no joelho), diarréia, cólicas abdominais;
– o ponto 10, para curar a insônia, meteorismo intestinal, micoses;
– o ponto 11, para prurido vaginal, esterilidade feminina, dismenorréia, artrose de quadril.
– o ponto 14, para menopausa, pleurite, parto difícil, meteorismo, hepatite, vômito.

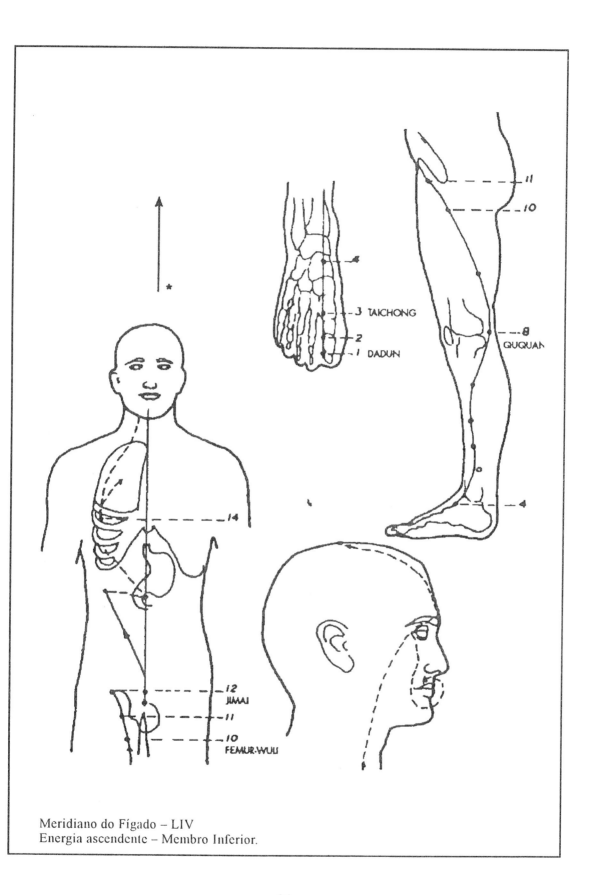

Meridiano do Fígado – LIV
Energia ascendente – Membro Inferior.

MERIDIANO DO VASO GOVERNADOR (GV – VG)

Também chamado de Meridiano DUMO – Vaso extraordinário.

Meridiano Yang com 28 pontos de terapia.

O Vaso Governador, chamado também de central posterior, começa na ponta do cóccix e termina sobre a gengiva superior. A sua ação é dupla. A parte inferior age sobre a energia física, a parte superior sobre a força moral e a energia intelectual.

O meridiano DU-MAI é dotado de um ponto particular nomeado de chave ou de comando (LI3 – IG3 Sanjian), não possui pontos de sedação nem de tonificação.

Os pontos mais utilizados são:

(1) CHANGQIANG, ponto de reunião com os meridianos do Vaso Concepção, da Vesícula Biliar e Rim.

(20) BAIHUI, ponto reunião com todos os meridianos Yang.

(27) RENZHONG, ponto reunião com os meridianos do intestino grosso e do estômago.

O ponto de localização 2 cura o bloqueio da menstruação, dores lombares.

O ponto 4 para curar a cefaléia, espermatorréia, prolapso retal, impotência, distúrbios da senilidade...

O ponto 11 para curar as afeções cardíacas...

O ponto 13 para curar a depressão nervosa e a malária...

O ponto 15 para recuperar a audição e a palavra...

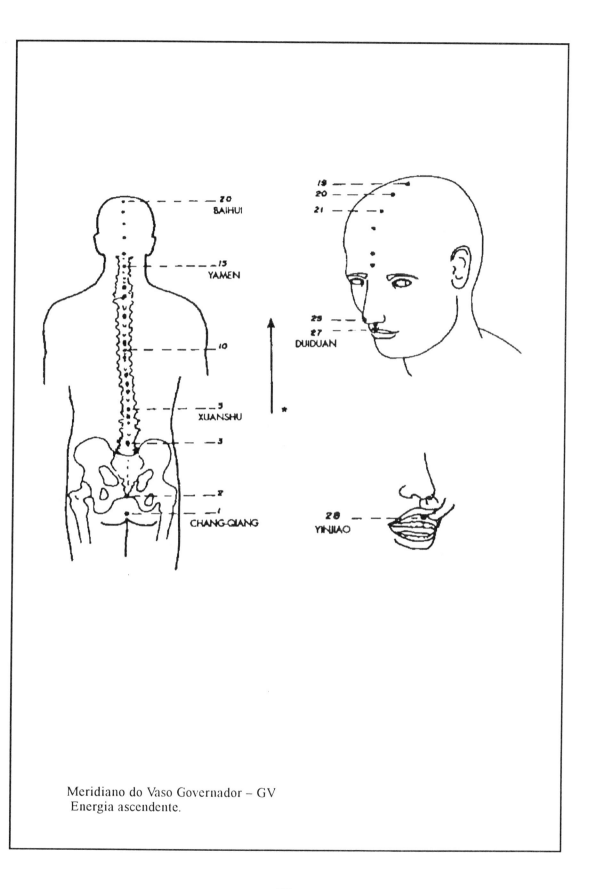

Meridiano do Vaso Governador – GV
Energia ascendente.

MERIDIANO DO VASO CONCEPÇÃO (CV – VC)

Também chamado de meridiano RENMAI – vaso extraordinário.

Meridiano Yin com 24 pontos de terapia.

O Vaso Concepção, chamado também de central anterior, começa no períneo e termina no queixo.

A sua ação se diferencia segundo o setor a ser tratado:

a) do períneo até o umbigo, os pontos agem sobretudo sobre os órgãos genito-urinários;

b) do umbigo para a base do esterno, os pontos agem sobre as funções digestivas;

c) da base do esterno até o queixo, os pontos agem sobre as funções respiratórias.

O Meridiano RENMAI é dotado de um ponto particular nomeado de chave ou comando (L7 – P7) Lieque, não possui pontos de sedação e nem de tonificação.

Os pontos mais utilizados são:

(13) Shangwan, ponto de reunião com o meridiano do Estômago e do Intestino Delgado.

(17) Shanzhong, ponto reunião com os meridianos do Intestino Delgado e do Baço-Pâncreas.

O ponto 1, para curar hemorróidas, uretrites, cansaço generalizado.

O ponto 4, para problemas de impotência, menstruações irregulares.

O ponto 5, para todas as afeções do aparato gênito-urinário.

O ponto 6, Qihai, para curar distúrbios gerais, esterilidade masculina.

O ponto 8, para problemas de vômito e diarréia, depressão, envelhecimento.

O ponto 15, para curar dispnéias, tosse, soluço, palpitações.

O ponto 22, para curar asma, tosse, sistema nervoso e endócrino.

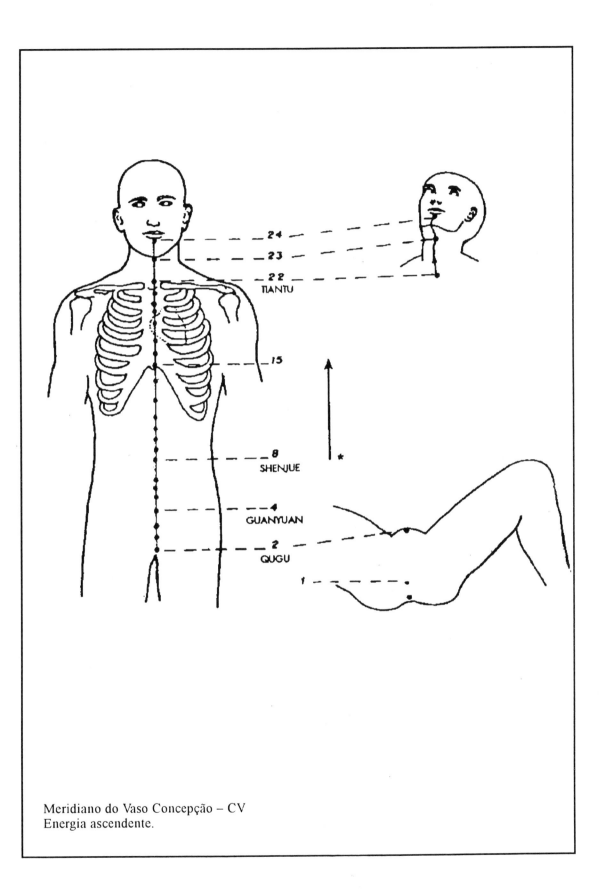

Meridiano do Vaso Concepção – CV
Energia ascendente.

GUIA À AUTOMASSAGEM

Esta técnica é praticada por aqueles que desejam melhorar o máximo possível e estabelecer uma boa harmonia com seu próprio corpo e com a natureza.

CONTROLE ENERGÉTICO DO CORPO E PREPARAÇÃO À AUTOMASSAGEM

Inspirando lentamente e mantendo o tronco ereto mas não rígido, o queixo baixado, as mãos sobre as coxas, ficar de joelho apoiando parte do corpo sobre os calcanhares. Deixando entre os joelhos uma distância de mais ou menos 4 cm, se procederá a uma das diversas maneiras de "Saudar o Universo".

Sempre dobrados, distender as mãos no chão, deixe-as escorrer para frente formando com os polegares e os indicadores o triângulo do Yang, sobre o qual apoiará a testa após a expiração do ar contido nos pulmões. Quanto maior a permanência nesta posição, mais energia Yang se possui. Pode-se considerar ótimo a quantidade de energia referente a 8 minutos de prática deste exercício. Depois, retornaremos à posição sentada, inspirando novamente. Este exercício de respiração é muito relaxante e gratificante para o nosso espírito e pode ser repetido diversas vezes, graças a isso estabelece-se um controle energético do organismo.

Pode-se afirmar que o corpo encontra-se em uma condição de equilíbrio energético ótima, quando ao fletir as articulações dos dedos das mãos para trás, dobrando-as até formar quase um ângulo de noventa graus, não sentindo nenhuma dor.

Além disso, esfregando vigorosamente as mãos ativamos a circulação sanguínea e a energia, preparando-as para estimulação da essência vital do corpo.

ESTIMULAÇÃO DA CIRCULAÇÃO ENERGÉTICA (massagem ou digitopuntura) DOS BRAÇOS.

Percutindo ligeiramente com o punho(mão fechada) a articulação do pulso, pelo lado interno estimulamos o Pulmão, o Coração e o meridiano

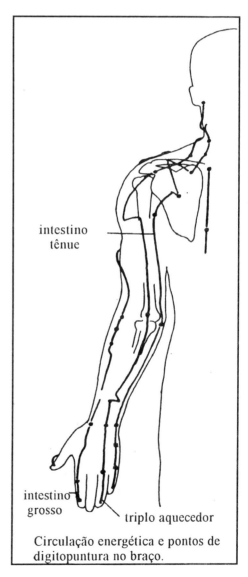

Circulação energética e pontos de digitopuntura no braço.

da Circulação-Sexualidade; do lado externo, Intestino Grosso, Triplo Aquecedor e Intestino Delgado.

Além disso para ter um bom fluxo de energia vital e relaxar as articulações dos braços necessita primeiro rotar o pulso, primeiro para esquerda e depois para direita.

ESTIMULAÇÃO DA CIRCULAÇÃO ENERGÉTICA (massagem ou digitopuntura) DAS MÃOS

Exercendo pequenas rotações no polegar e nos outros dedos estimulamos as extremidades de alguns meridianos. O meridiano dos pulmões termina no polegar enquanto que o meridiano do Intestino Grosso começa no indicador percorrendo toda a parte externa do braço; rotando o dedo mínimo, ponto no qual termina o meridiano do Coração, favoreceremos também o fluxo de energia do Intestino Delgado que se origina ali.

Cada dedo da mão poderá ser dobrado, permitindo desta forma bloquear a energia vital por pouco tempo na junção de nosso interesse, para depois circular com força maior até o fim da flexão.

Pressionando o ponto LI4 (IG 4 Hegu) e massageando-o pode-se melhorar da preguiça do Intestino Grosso. Se este ponto está dolorido significa que o cólon está inflamado; estimulando os pontos L9 (P9 Taiyuan) e L10 (P10 Yuji) do meridiano dos Pulmões se purificam as funções respiratórias e digestivas. Para melhorar as condições gerais do coração deve-se beliscar, tanto o mínimo direito quanto o esquerdo, favorecendo também a passagem de energia no meridiano do Intestino Delgado.

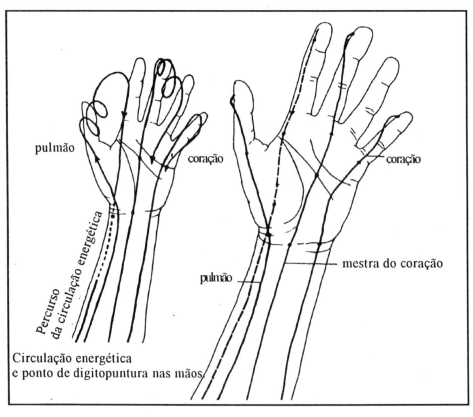

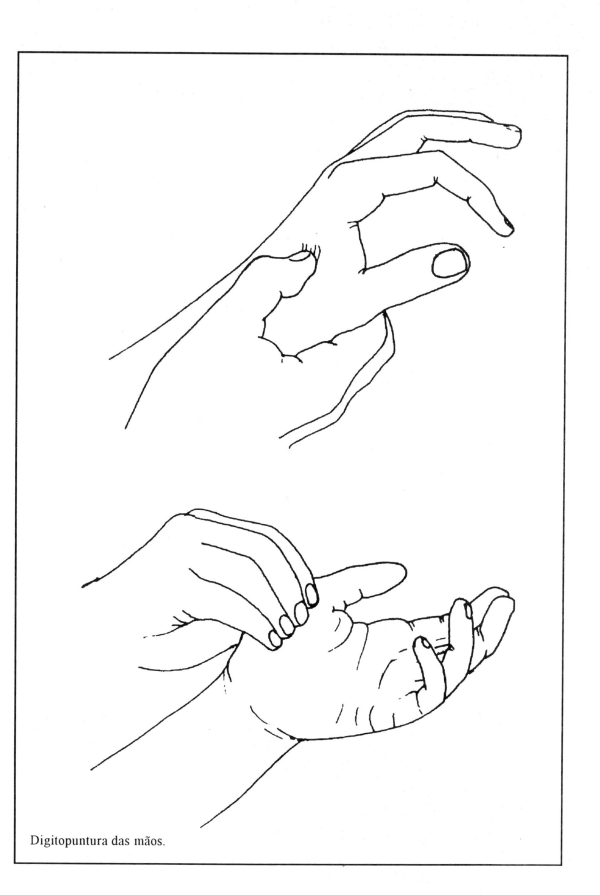

Digitopuntura das mãos.

ESTIMULAÇÃO DA CIRCULAÇÃO ENERGÉTICA DA (Massagem ou digitopuntura) CABEÇA

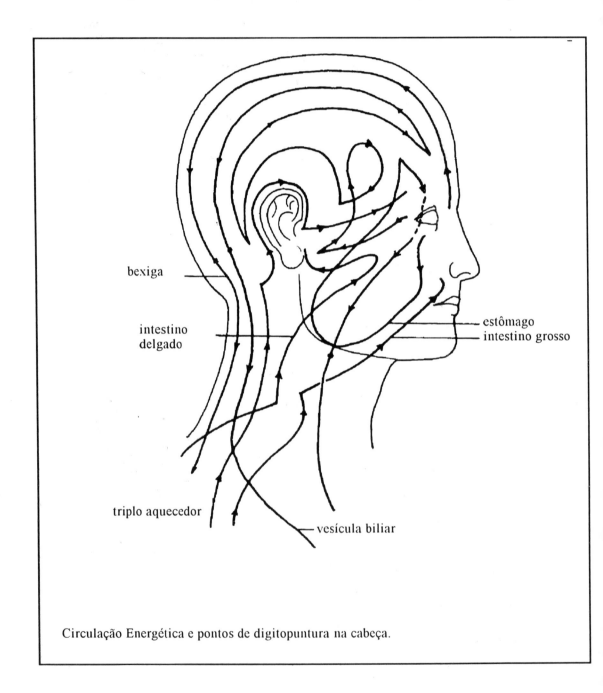

Circulação Energética e pontos de digitopuntura na cabeça.

Durante as técnicas de automassagem seria bom, de vez em quando, esfregar as mãos uma na outra para poder desta forma reforçar seu poder de cura.

A face é atravessada por um grande número de meridianos; os meridianos do Estômago e do Intestino Delgado se encontram próximos à fossa canina, podendo ser estimulados esfregando-se as bochechas.

O meridiano do Estômago começa abaixo do olho, enquanto que na linha mediana do nariz passa o Vaso Governador; é sempre bom massagear estes pontos energicamente para estimulá-los.

Ao segurar cachos de cabelo entre as mãos sem causar dor e puxando ligeiramente será possível estimular os meridianos da Bexiga, Vesícula Biliar e do Triplo Aquecedor.

Massageando com a ponta dos dedos as gengivas estimulamos o cólon, o Intestino Grosso e o Vaso da Concepção.

O último ponto do Vaso Governador estimula-se massageando com a ponta dos dedos a gengiva da arcada dentária superior abaixo da espinha nasal anterior.

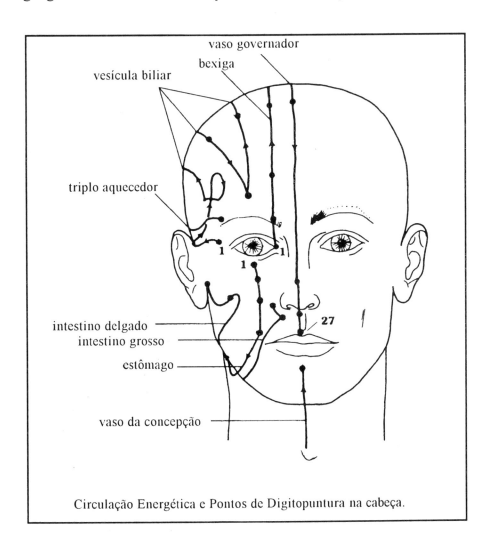

Circulação Energética e Pontos de Digitopuntura na cabeça.

Massageando com os polegares abaixo do queixo estimulam-se as glândulas ocultas pelo maxilar, se assim fazendo sentir alguma dor é necessário insistir, continuando a massagear ao longo do tempo, para eliminar o estado inflamatório destas glândulas.

Apertando com delicadeza a glândula tireóide estimula-se a produção hormonal e favorece a manutenção de uma pele jovem.

Apertando e puxando delicadamente com dois dedos a base do nariz estimula-se o cérebro, a bexiga e as glândulas sexuais.

As orelhas são como antenas que recebem vibrações do Infinito; puxando os lóbulos para baixo traz a serenidade, apertando-as e fletindo-as delicadamente para frente, estimula-se o Triplo Aquecedor e a Vesícula Biliar.

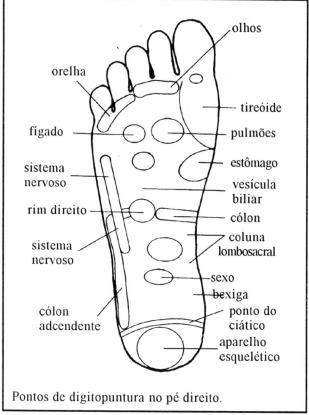

Pontos de digitopuntura no pé direito.

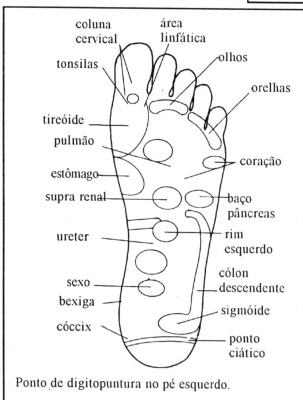

Ponto de digitopuntura no pé esquerdo.

Se ao seguir com o dedo indicador a espiral da orelha encontrarmos cerume durante esta massagem, isto significará que o organismo está com excesso de proteínas devido a uma hipernutrição, neste caso é aconselhável seguir uma dieta alimentar equilibrada, ausente de gorduras e açúcares.

ESTIMULAÇÃO DA CIRCULAÇÃO ENERGETICA (massagem ou digito-puntura) DO TRONCO.

Sentado em posição de Yoga, balançar para trás segurando os pés com as mãos, retornar para frente empurrando com os ombros. Este exercício repetido diversas vezes estimula todo o meridiano da Bexiga.

Ao longo das costas encontram-se os meridianos da Bexiga, da Vesícula Biliar e do Vaso Governador, para estimulá-los deve-se martelar suavemente com os punhos os músculos da faixa lombo-dorsal, o músculo trapézio e o músculo esterno-clidómastoideo.

Para estimular o meridiano do Fígado e do Baço/Pâncreas necessitamos massagear com a palma das mãos as costelas e os músculos intercostais.

ESTIMULAÇÃO DA CIRCULAÇÃO ENERGÉTICA (massagem ou digito-puntura) DO APARELHO GASTROINTESTINAL

As doenças intestinais são atenuadas massageando a barriga da perna em sua parte interna, próximo à linha poplítea. Outro estimulo positivo é obtido ao caminhar descalço

pela brita e massageando delicadamente os músculos do abdômen.

Para a massagem direta do Estômago e do Intestino há necessidade de pressionar e massagear delicadamente a parte central.

ESTIMULAÇÃO DA CIRCULAÇÃO ENERGÉTICA (massagem ou digito-puntura) DOS PÉS.

Estimulando os calcanhares (talões) com uma esponja ou bucha, provocaremos a regeneração das células ósseas e beliscando o tendão de Aquiles estimula-se os rins, a bexiga e as glândulas sexuais.

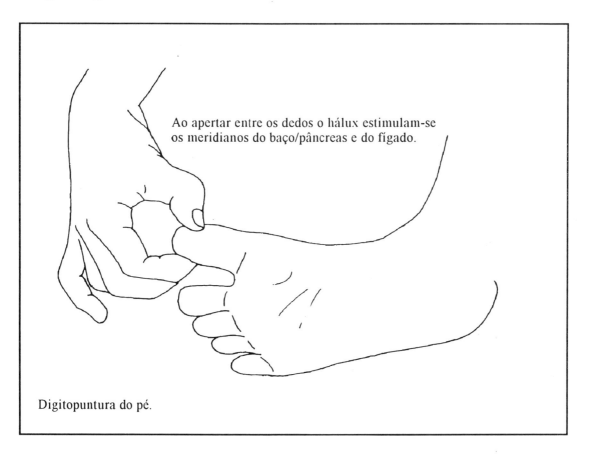

Digitopuntura do pé.

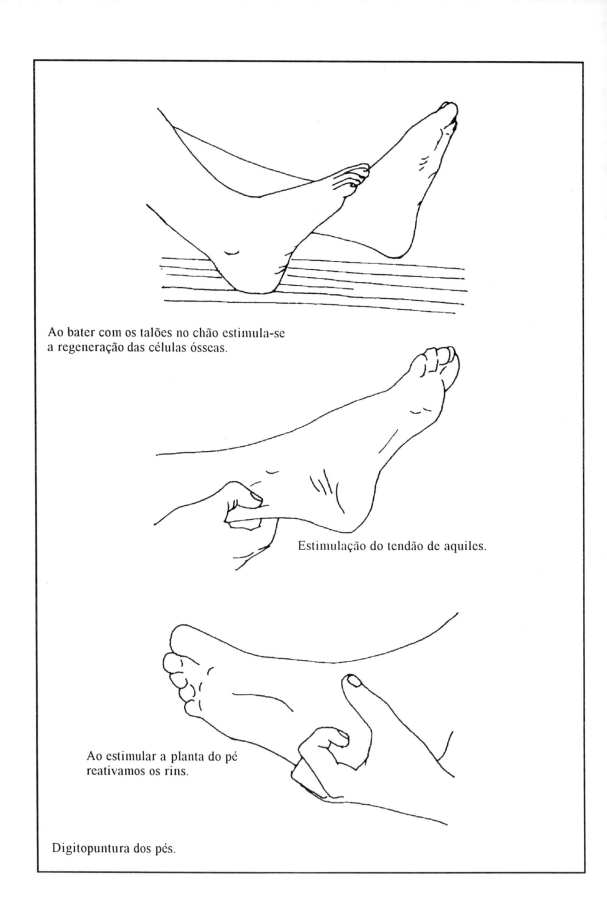

Ao bater com os talões no chão estimula-se a regeneração das células ósseas.

Estimulação do tendão de aquiles.

Ao estimular a planta do pé reativamos os rins.

Digitopuntura dos pés.

Apoiando a palma da mão sobre o talão e pressionando com os dedos sobre a planta do pé pode-se reativar a atividade sexual e tratar alguns distúrbios dos Rins e dos Joelhos; efetuando diversas formas de pressão nos diferentes pontos do pé estimularemos os órgãos correspo ndentes aos meridianos.

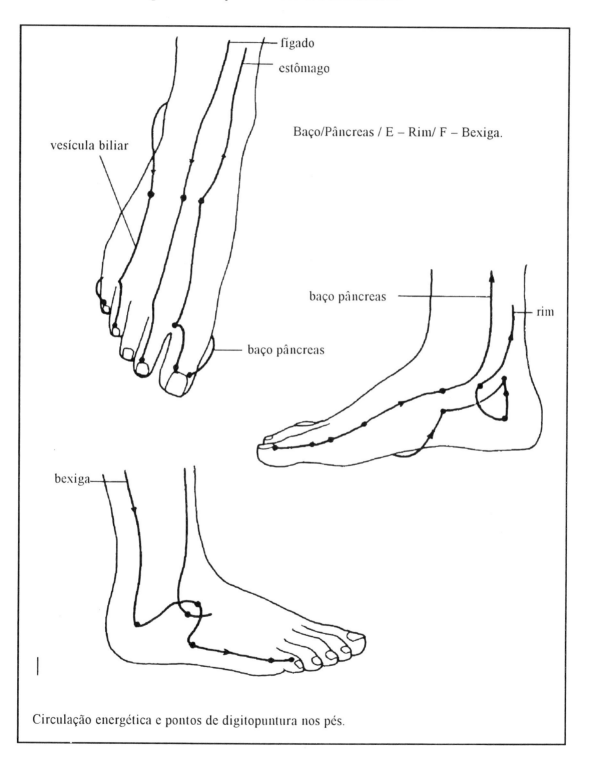

Circulação energética e pontos de digitopuntura nos pés.

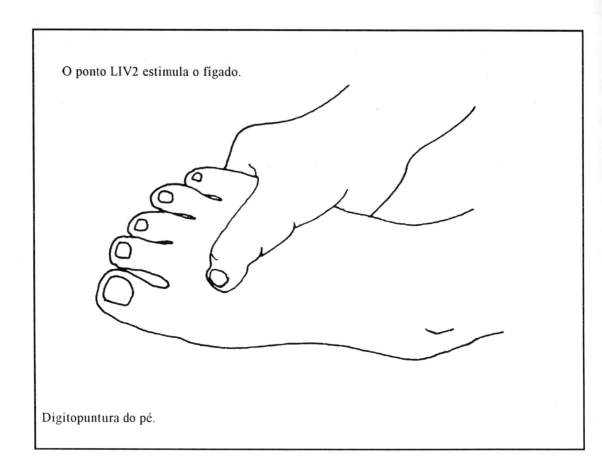

O ponto LIV2 estimula o fígado.

Digitopuntura do pé.

Ao apertar entre os dedos o hálux estimulam-se os meridianos do baço/pâncreas, do Fígado e da glândula pituitária.

Apertando entre as mãos os músculos lombricais e flexor breve do hálux estimula-se o reflexo da vista. Os dedos dos pés devem ser esticados ao mesmo tempo em que faz-se uma pequena rotação em sentido horário para melhorar a energia vital; além disso ao percutir a planta do pé obteremos estímulos nos pontos das áreas reflexas, é sempre aconselhável afim de obter um maior estimulo sempre que possível passear descalço na brita.

SEGUNDA PARTE

APLICAÇÃO DA TERAPIA HOLÍSTICA NO TRATAMENTO DE ALGUMAS PATOLOGIAS

Para curar uma doença de maneira eficaz é conveniente tratar diversos pontos contemporaneamente. Deste modo para cada distúrbio são indicados um ou mais pontos "principais" e alguns pontos "complementares".

Exceto algumas indicações, os estímulos serão aplicados simetricamente sobre os mesmos pontos à direita e à esquerda. Os tratamentos descritos neste livro, em alguns casos, poderá ter alguma variação, em função da experiência e da escola de formação do Acupuntor. A nomenclatura usada é aquela aprovada pela OMS (Organização Mundial da Saúde).

No texto faz-se uso das seguintes abreviações*:

(L)   Meridiano dos Pulmões (P)

(LI) Meridiano do Intestino Grosso (IG)

(S)   Meridiano do Estômago (E)

(Sp) Meridiano do Baço-Pâncreas (BP)

(H)   Meridiano do Coração (C)

(SI) Meridiano do Intestino Delgado (ID)

(B)   Meridiano da Bexiga (B)

(K)   Meridiano dos Rins (R)

(P)   Meridiano do Circulação-Sexualidade (CS)

(TE) Meridiano do Triplo Aquecedor (TA)

(G)   Meridiano da Vesícula Biliar (VB)

(LIV) Meridiano do Fígado (F)

(GV) Meridiano do Vaso Governador (VG)

(CV) Meridiano do Vaso Concepção (VC)

---

*NT: No Brasil ainda não se usa a nomenclatura da OMS, que está em inglês, pois a maioria da literatura existente no Brasil está traduzida para a nossa língua.

ACNE

Os pontos a serem tratados são:

HEGU; TAICHONG; TAIYUAN; CHIZE; LIEQUE; ZHIBIAN.

HEGU = Intestino Grosso 4 (LI4 – IG4) – ponto principal.

Localização: O ponto HEGU é localizado contra a face medial do segundo osso metacarpal (indicador) ao nível de uma depressão que é ponto de origem de um pequeno ligamento.

Aplicação da digitopuntura: Sentado ou deitado, o paciente mesmo poderá usar seu polegar para pressionar o segundo metacarpo por 3-4 minutos, uma vez ao dia até a melhora da patologia.

Aplicação da Acupuntura: Inserção perpendicular, 1-2 cm de profundidade.

Aplicação da moxabustão: Aplicar a moxa com método indireto sobre os pontos maiores (espinhas) e sobre o ponto HEGU, uma ou duas vezes ao dia, por um total de dez sessões. Repetir conforme a necessidade, deixando cinco dias de intervalo entre cada série de tratamento.

Utilização do ponto em outras patologias: Eficaz para sedar qualquer tipo de dor (aumenta as endorfinas circulantes no organismo). Melhora todas as afeções inflamatórias do distrito cefálico. Conjuntivite. Glaucoma. Cefaléia. Enxaqueca. Tosse. Diarréia. Nevralgia trigeminal. Paralisias faciais periféricas e centrais. Artrose da articulação têmpuro-mandibular. Lipotimia. Gripe epidêmica. Resfriado. Sinusite. Febre aguda e febrícula crônica. Amenorréia.

Eczema. Urticária. Acne. Psoríase...

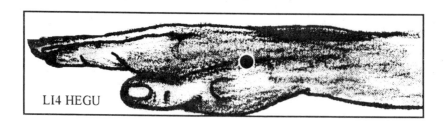

TAICHONG = Fígado (LIV3 – F3).

Localização: Este ponto se encontra entre o hálux e o segundo dedo, à frente de sua articulação.

Aplicação da digitopuntura: o paciente pode estar deitado ou sentado. Aquele que aplicar a digitopuntura, usará a unha do polegar e pressionará com força durante 2 minutos, uma vez ao dia, até o melhoramento da patologia.

Aplicação de acupuntura: Inserção oblíqua dirigida para o alto, 1-2,5 cm de profundidade.

Utilização do ponto em outras patologias: Cefaléia. Epilepsia. Afeções oculares. Acúfenos. Hipertensão. Afeções da área ginecológica. Alergias. Eczemas. Urticária...

TAIYUAN = Pulmão (L9 – P9).

Localização: Encontra-se na proximidade da artéria radial, no nível da dobra articular, entre a apófise estilóide e o escafóide.

Aplicação da digitopuntura: sentado ou deitado, o próprio paciente poderá usar o polegar para exercer pressão. Aquele que aplicar a digitopuntura usará a unha do polegar e pressionará com força por 4 minutos, uma vez ao dia, até a melhora da patologia.

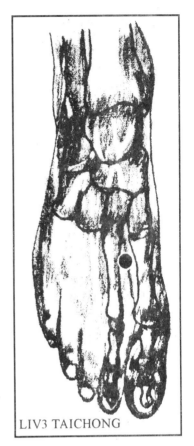
LIV3 TAICHONG

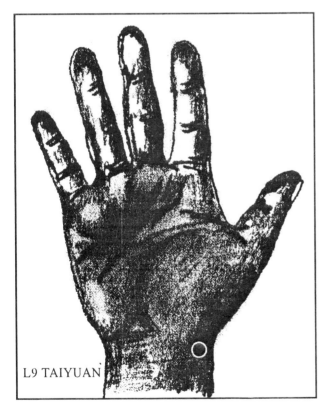
L9 TAIYUAN

Aplicação da acupuntura: inserção perpendicular, 1-2 cm de profundidade.

Utilização do ponto em outras patologias: Asma. Enfisema. Ponto especial para todas as afeções linfáticas, vasculares arteriosas, venosas e capilares. Hipotensão. Varizes. Hemorróidas. Ce-faléia. Depressão. Conjuntivite. Epistaxe. Dor Torácica. Arritmias cardíacas. Espasmos do esôfago. Incontinência urinaria...

CHIZE = Pulmões (L5 – P5).

Localização: Encontra-se na dobra do cotovelo, sobre a artéria umeral.

Aplicação da Digitopuntura: Sentado ou deitado, o paciente mesmo poderá usar o polegar para exercer uma pressão forte durante 3-4 minutos uma vez ao dia até a melhora da patologia.

Aplicação de Acupuntura: Inserção oblíqua dirigida para o alto.

Utilização do ponto em outras patologias: Cefaléia. Asma. Bronquites. Tuberculoses. Influenza (Gripe). Tosse.

LIEQUE = Pulmões (L7 – P7).

Localização: Encontra-se sobre a face interna e lateral do antebraço, sobre o processo estilóide do rádio, em uma depressão, a cerca de 3 cm da dobra do punho.

Aplicação da digitopuntura: Sentado ou deitado, o paciente mesmo poderá exercer uma pressão forte por pelo menos 3 minutos uma vez ao dia, até a melhora da patologia.

Aplicação da acupuntura: Inserção oblíqua dirigida para o alto 1-2 cm de profundidade.

Utilização do ponto em outras patologias: Cefaléia. Enxaqueca e qualquer dor aguda do crânio. Melhora as afeções inflamatórias em geral.

ZHIBIAN = Bexiga (B54).

Localização: Encontra-se nas proximidades do 4° forame sacral.

Aplicação da digitopuntura: Sentado ou deitado, o paciente mesmo poderá usar o polegar para exercer uma pressão forte por pelo menos 3 minutos, uma vez ao dia, até o melhoramento da patologia.

Aplicação da acupuntura: Inserção perpendicular 2-3 cm de profundidade.

Utilização do ponto em outras patologias: Disuria. Cistite. Stipse. Hemorróidas. Ciática. Paralisia, entorpecimento e dores do membro inferior...

AEROFAGIA

Os pontos a serem tratados são:
NEIGUAN; WEISHU; ZUSANLI; TAIBAI.

NEIGUAN = Circulação-Sexualidade (P6 – CS6).

Localização: Encontra-se sobre a face anterior do antebraço, dois centímetros acima da dobra do punho.

Aplicação da digitopuntura: Estando deitados ou sentados usar o polegar fazendo pressão para baixo e massageando em sentido rotatório por 3 minutos ao dia até a melhora da patologia.

Aplicação da acupuntura: inserção perpendicular, 1-2,5 cm de profundidade.

Aplicação de moxabustão: Tratar com moxa direta. O tratamento deve ser praticado uma vez ao dia, preferencialmente após a refeição do meio-dia ou da noite.

Utilização do ponto em outras patologias: Hemorróidas. Stipse. Diarréia. Timidez. Amnésia. Vomito. Gengivite. Glossite (Inflamação da língua)...

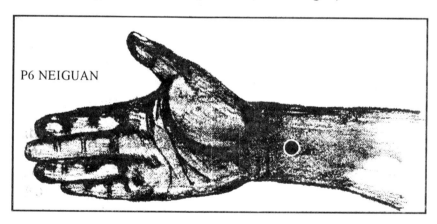

WEISHU = BEXIGA (B 21).

Localização: Se encontra na altura da décima segunda vértebra dorsal, lateralmente, a 3 cm do processo espinhoso.

Aplicação da digitopuntura: Estando deitados ou sentados usar o polegar para pressionar para baixo e depois massagear para o alto por 3-4 minutos, uma vez ao dia, até a melhora da patologia.

Aplicação de acupuntura: inserção perpendicular 0,5-1 cm de profundidade.

Aplicação de moxabustão: Tratar com moxa direta. O tratamento deve ser praticado, preferencialmente, uma vez ao dia, após a refeição do meio-dia ou a da noite.

Utilização do ponto em outras patologias: Todas as afeções do estômago e de todo o aparelho digestivo. Dores gástricas. Gastrite. Atrofia gástrica. Regurgitação ácida. Náusea e vômito de origem gástrica. Paralisia dos músculos abdominais...

ZUSANLI = Estômago (S36 – E36) – ponto principal.

Localização: O ponto Zusanli está localizado na crista tibial abaixo do plateu 3 cun abaixo do ápice da rótula.

Aplicação da digitopuntura na aerofagia com dor: ficando deitados ou sentados usar o polegar para pressionar para baixo e depois massagear para cima, por 3 minutos uma vez ao dia até a melhora da patologia.

Aplicação da acupuntura: Inserção perpendicular, 2-3 cm de profundidade.

Utilização do ponto em outras patologias: Gastrite e gastralgia. Úlcera gastroduodenal. Diarréia. Apendicopatias. Colite funcional. Cefaléias. Enxaquecas. Hipo e hipertensão. Tremor. Intoxicação alimentar. Depressão e distúrbios neuróticos...

TAIBAI = Baço-Pâncreas (Sp3 – BP3) – ponto principal.

Localização: Encontra-se sobre a face medial do pé, na proximidade da primeira articulação do primeiro metatarso.

Aplicação da digitopuntura: Estando deitado ou sentado usar o polegar para massagear com força por 3-4 minutos uma vez ao dia, até a melhora da patologia.

Aplicação da Acupuntura: Inserção perpendicular, 1,5-2 cm de profundidade.

Utilização do ponto em outras patologias: Cefaléias. Falta de concentração. Dor precordial. Bradicardia. Espasmos vasculares. Vômito. Diarréia...

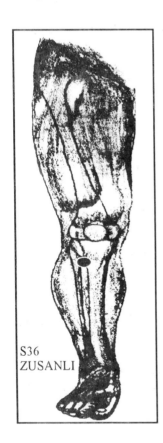
S36 ZUSANLI

ALCOOLISMO

Os pontos a serem tratados são:
HEGU; QUQUAN; ZHAOHAI.

HEGU = Intestino Grosso 4 (LI4 – IG4) – ponto principal.

Localização: O ponto HEGU é localizado contra a face medial do segundo osso metacarpal (indicador), ao nível de uma depressão que é ponto de origem de um pequeno ligamento.

Aplicação da digitopuntura: Sentado ou deitado, o paciente mesmo poderá usar o polegar para exercer uma pressão contra o segundo metacarpo durante 3-4 minutos, uma vez ao dia, até a melhora da patologia.

Aplicação da acupuntura: Inserção perpendicular, 1-2 cm de profundidade.

Aplicação da moxabustão: Os tratamentos serão de uma vez ao dia no começo, depois espaçados, conforme a necessidade de cada indivíduo. É preferível praticar a terapia com moxa indireta.

Utilização do ponto em outras patologias: Eficaz para sedar qualquer tipo de dor (aumenta as endorfinas circulantes no organismo). Melhora todas as afeções inflamatórias do distrito cefálico. Conjuntivite. Glaucoma. Cefaléia. Enxaqueca. Tosse. Diarréia. Nevralgia do trigêmeos. Paralisias faciais periféricas e centrais. Artrose da articulação têmpuro mandibular. Lipotimia. Influenza (gripe) epidêmica. Resfriado. Sinusite. Febre aguda e febrícula crônica. Amenorréia. Eczema. Urticária. Acne. Psoríase...

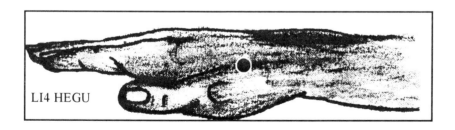

QUQUAN = Fígado (LIV8 – F8).

Localização: Encontra-se na extremidade interna da dobra de flexão do joelho, na cavidade, anteriormente a borda dos músculos semimembranoso e semitendinoso.

Aplicação da digitopuntura: O paciente deverá deitar de barriga para baixo, o acupuntor exercerá uma pressão com força com seu polegar, por 3 minutos, uma vez ao dia, até a melhora da patologia.

Aplicação da acupuntura: Inserção perpendicular, 2-4 cm de profundidade.

Aplicação da moxabustão: as sessões serão uma vez ao dia, no início, para depois continuar conforme a necessidade de cada indivíduo. É preferível praticar a moxa indireta.

Utilização do ponto em outras patologias: Cefaléia. Inquietude. Astenia. Epistaxe. Estomatite. Hemorróidas. Dismenorréia. Infeções urogenitais. Intoxicações alimentares...

ZHAOHAI = Rim (K6 – R6) – ponto principal.

Localização: Se encontra em uma depressão, a 1 CUN abaixo da borda do maléolo interno.

Aplicação da digitopuntura: O paciente poderá estar sentado ou deitado, o acupuntor exercerá uma pressão com a força de seu polegar, por 3 minutos, uma vez ao dia, até melhorar a patologia.

Aplicação da acupuntura: inserção perpendicular, 0,5-1 cm de profundidade.

Aplicação da moxabustão: as sessões serão uma vez ao dia, no início, para depois continuar conforme a necessidade de cada indivíduo. É preferível praticar a moxa indireta.

Utilização do ponto em outras patologias: Epilepsia. Astenia. Depressão. Neurastenia. Alcoolismo. Câibras noturnas. Insônia. Choque. Menstruações irregulares...

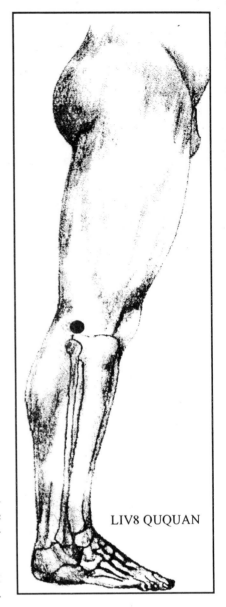

LIV8 QUQUAN

AFTA

Os pontos a serem tratados são:
YANGGU; TAIXI; ZHIZHENG.

YANGGU = Intestino Delgado (SI5 – ID5).

Localização: Encontra-se sobre a face ulnar em uma depressão formada pelo processo estilóide da ulna e do osso pisiforme.

Aplicação da digitopuntura: O paciente poderá estar sentado ou deitado, o acupuntor exercerá uma pressão com a força de seu polegar, em pequenos círculos, em sentido horário, por 3 minutos, uma vez ao dia, até melhorar a patologia.

Aplicação da moxabustão: Tratar com moxa indireta uma vez ao dia, durante a manifestação de aftas, depois dois tratamentos por semana como manutenção.

Aplicação da acupuntura: Inserção perpendicular 0,5-1 cm de profundidade.

Utilização do ponto em outras patologias: Edema do pescoço. Inflamações da região submaxilar. Dores torácicas. Dores do antebraço e do punho. Surdez. Zumbido auricular...

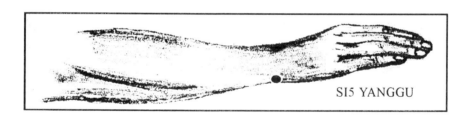

TAIXI = Rim (K3 – R3).

Localização: Entre a parte mais proeminente do maléolo e o tendão de Aquiles.

Aplicação da digitopuntura: O paciente poderá estar sentado ou deitado, o acupuntor exercerá uma pressão com a força de seu polegar, em pequenos círculos, em sentido horário, por 2 minutos, uma vez ao dia, até melhorar a patologia.

Aplicação da moxabustão: Tratar com moxa indireta, uma vez ao dia, durante a manifestação de aftas, depois dois tratamentos por semana como manutenção.

Aplicação da acupuntura: Inserção perpendicular, 1-2,5 cm de profundidade.

Utilização do ponto em outras patologias: Laringite. Afonia. Faringite. Amigdalite. Asma. Bronquite. Angina Pectoris. Nefrite. Cistite. Enurese. Menstruações irregulares. Astenia. Distúrbios do sistema nervoso...

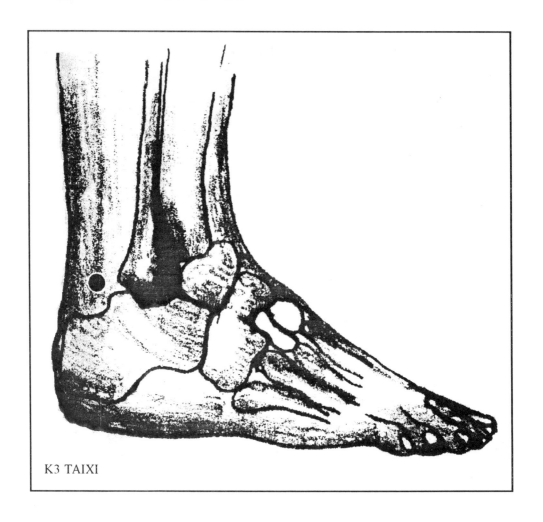

K3 TAIXI

ZHIZENG = Intestino Delgado (SI7 – ID 7) – ponto principal.

Localização : Sobre a face ulnar do antebraço 5 CUN, próximo ao ID 6, sobre a linha que une este ponto ao ID 8.

Aplicação da digitopuntura: O paciente poderá estar sentado ou deitado, o acupuntor exercerá uma pressão com a força de seu polegar, por 3 minutos, uma vez ao dia, até melhorar a patologia.

Aplicação da moxabustão: Tratar com moxa indireta, uma vez ao dia, durante a manifestação de aftas, depois dois tratamentos por semana como manutenção.

Aplicação da acupuntura: Inserção perpendicular, 1-2 cm de profundidade.

Utilização do ponto em outras patologias: Hiperemotividade. Tremores. Psicoses. Bulimia. Torcicolo agudo. Cefaléia. Terçol...

AMENORRÉIA

Os pontos a serem tratados são:
GUANYUAN; SHE SHU; HEGU; SANYINJIAO.

GUANYUAN = Vaso da Concepção (CV4 – VC 4).

Localização: Encontra-se a 2 CUN acima da margem superior do púbis.

Aplicação da digitopuntura: preferencialmente deitado, o paciente mesmo poderá usar o polegar ou a palma da mão para massagear com força, por pelo menos 4 minutos, uma vez ao dia, até a melhora da patologia.

Aplicação da acupuntura: Inserção perpendicular 2-3 cm de profundidade.

Aplicação da moxabustão: Um tratamento em dias alternados com moxa indireta, por duas semanas.

Utilização do ponto em outras patologias: Dismenorréia. Espermatorréia. Impotência. Diarréia. Enurese. Cefaléia. Vertigens. Insônia. Dor periumbelical. Polução noturna. Ejaculação precoce. Anuria. Esterilidade.

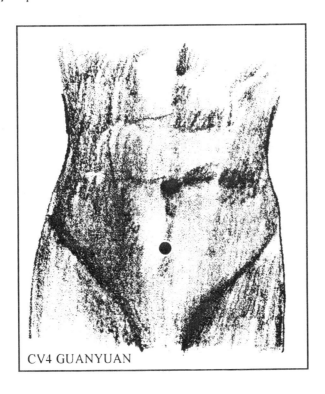

CV4 GUANYUAN

SHEN SHU = Bexiga (B 23).

Localização: Encontra-se entre as apófises espinhais transversas entre a 2ª e 3ª vértebra lombar.

Aplicação da digitopuntura: O acupuntor usará o polegar para exercer uma pressão com força, em direção à espinha dorsal, por 2 minutos, uma vez ao dia, até a melhora da patologia.

Aplicação da acupuntura: Inserção perpendicular 2-3 cm de profundidade.

Aplicação da moxabustão: Um tratamento em dias alternados com moxa indireta, durante duas semanas.

Utilização do ponto em outras patologias: Diabete. Nefrite. Uretrite. Cistite. Prostatite. Enurese noturna. Ejaculação precoce. Polução noturna. Leucorréia. Dismenorréia. Esterilidade. Diarréia crônica. Lombalgia. Acúfenos. Hipoacusia...

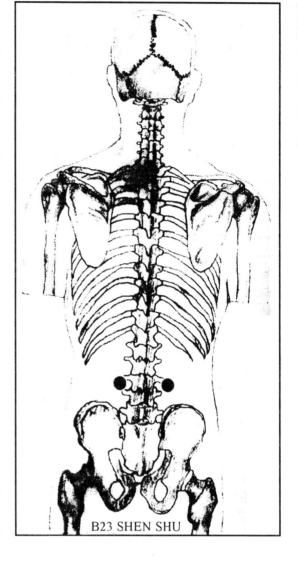

B23 SHEN SHU

HEGU = Intestino Grosso 4 (LI4 – IG4) – ponto principal.

Localização: O ponto HEGU é localizado contra a face medial do segundo osso metacarpal (indicador) ao nível de uma depressão que é ponto de origem de um pequeno ligamento.

Aplicação da digitopuntura: Sentado ou deitado o paciente mesmo poderá usar o polegar para exercer uma pressão contra o segundo metacarpo, durante 3-4 minutos, uma vez ao dia, até a melhora da patologia.

Aplicação da acupuntura: Inserção perpendicular, 1-2 cm de profundidade.

Aplicação da moxabustão: Os tratamentos serão em dias alternados com moxa indireta, durante duas semanas.

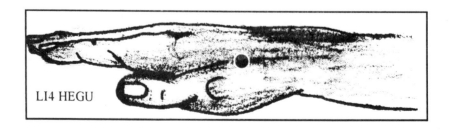

LI4 HEGU

Utilização do ponto em outras patologias: Eficaz para sedar qualquer tipo de dor (aumenta as endorfinas circulantes no organismo). Melhora todas as afeções inflamatórias do distrito cefálico. Conjuntivite. Glaucoma. Cefaléia. Enxaqueca. Tosse. Diarréia. Nevralgia do trigêmeos. Paralisias faciais periféricas e centrais. Artrose da articulação têmpuro mandibular. Lipotimia. Influenza (gripe) epidêmica. Resfriado. Sinusite. Febre aguda e febrícula crônica. Amenorréia. Eczema. Urticária. Acne. Psoríase...

SANYINJIAO = Baço-Pâncreas (Sp6 – BP 6).

Localização: Encontra-se a 3 CUN acima da ponta do maléolo medial contra a margem posterior da tíbia.

Aplicação da digitopuntura: O paciente deverá estar deitado, será o acupuntor a usar o polegar para exercer uma pressão, durante 2 minutos, uma vez ao dia, até a melhora da patologia.

Aplicação da acupuntura: Inserção perpendicular, 1-2 cm de profundidade.

Utilização do ponto em outras patologias: Eleva os níveis soro-hormonais. Afeções gastrointestinais. Angina Pectoris. Hipertensão. Arteriosclerose. Amenorréia. Dismenorréia. Dores menstruais (cólicas). Enurese noturna. Ejaculação precoce. Impotência. Esterilidade. Espermatorréia. Orquite. Polaciúria. Cistite. Incontinência urinária. Hemiplegia. Nevrose. Ponto abortivo. Intensa ação sob grande parte das afeções vasculares...

ANEMIA

Os pontos a serem tratados são :
GAOHUANG; ZUSANLI; CHAN – QUIANG; FUXI.

GAOHUANG = Bexiga (B 43).
Localização: encontra-se a 3 cm à margem da altura do processo espinhoso da 4ª vértebra dorsal.

Aplicação da digitopuntura: O paciente poderá estar sentado ou deitado, o acupuntor exercerá uma pressão com força rotando o polegar por 2 minutos, uma vez ao dia, até a melhora da patologia.

Aplicação da moxabustão: durante duas semanas praticar uma sessão diária com moxa direta.

Aplicação da acupuntura: Inserção perpendicular, 1-1,5 cm de profundidade.

Utilização do ponto em outras patologias: Anemia. Tuberculose pulmonar. Bronquite. Asma. Pleurite. Tosse nervosa e crônica. Soluço...

ZUSANLI = Estômago (S36 – E36) – ponto principal.

Localização: O ponto Zusanli está localizado na crista tibial abaixo do plateu, 3 CUN abaixo do ápice da rótula.

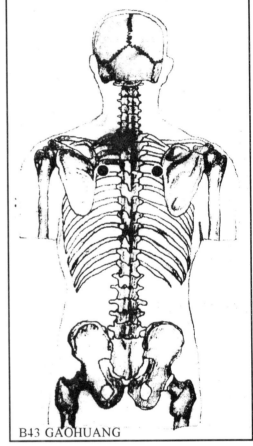

Aplicação da digitopuntura na aerofagia com dor: ficando deitado ou sentado usar o polegar para pressionar para baixo e depois massagear para cima, por 2 minutos, uma vez ao dia, até a melhora da patologia.

Aplicação da acupuntura: Inserção perpendicular, 2-3 cm de profundidade.

NT: Este ponto poderá ser encontrado em outras bibliografias como B 38, mas praticamente com o mesmo nome.

Aplicação da moxabustão: durante duas semanas praticar uma sessão diária com moxa direta.

Utilização do ponto em outras patologias: Gastrite e gastralgia. Úlcera gastro-duodenal. Diarréia. Apendicopatias. Colite funcional. Cefaléias. Enxaquecas. Hipo e hipertensão. Tremor. Intoxicação alimentar. Depressão e distúrbios neuróticos...

CHANG QUIANG = Vaso Governador (GV1 – VG1).

Localização: se encontra na metade da linha que conjuga o ânus ao ponto do cóccix.

Aplicação da digitopuntura: A posição ideal para o paciente é estar deitado de barriga para baixo, o acupuntor ou alguém por ele, usará o dedo indicador para exercer uma pressão e depois massagear por 2 minutos, uma vez ao dia, até a melhora da patologia.

Aplicação da acupuntura: Inserção perpendicular dirigida para o alto, 1-2,5 cm de profundidade.

Aplicação da moxabustão: durante duas semanas praticar uma sessão diária com moxa direta.

Utilização do ponto em outras patologias: Cansaço geral. Hemorróidas. Prurido anal. Eczema anal. Retenção de urina. Uretrite. Dor no pênis. Amenorréia. Dismenorréia...

FUXI = Bexiga (B38).

Localização: encontra-se em um ponto a 2 cm da linha mediana da face posterior da coxa, a 2 cm acima da dobra da cavidade poplítea.

Aplicação da digitopuntura: A posição ideal para o paciente é estar deitado de barriga para baixo, o acupuntor ou alguém por ele, usará o dedo indicador para exercer uma pressão e depois massagear por 2 minutos, uma vez ao dia, até a melhora da patologia.

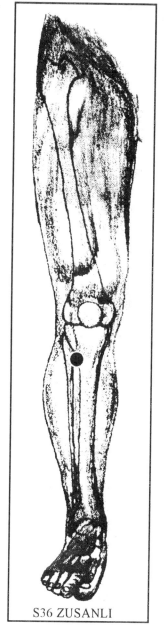

S36 ZUSANLI

Aplicação da acupuntura: inserção perpendicular 2-3 cm de profundidade.

Aplicação da moxabustão: durante duas semanas praticar uma sessão diária com moxa direta.

Utilização do ponto em outras patologias: Disúria. Cistite. Constipação. Colite. Diarréia...

NT: Este ponto poderá ser encontrado em outras bibliografias como sendo o B 52, porém com o mesmo nome.

INFLAMAÇÃO DA GARGANTA

Os pontos a serem tratados são:
SHAOSHANG; ZHONGZHU; WANGU; BURONG.

SHAOSHANG = Pulmões (L11 – P11).

Localização: Encontra-se sobre o ângulo ungueal externo do polegar.

Aplicação da digitopuntura: O paciente, em qualquer posição, poderá usar a unha do polegar para exercer uma pressão com força, por 2 minutos, uma vez ao dia, até a melhora da patologia.

Aplicação da acupuntura: Inserção oblíqua dirigida para o alto, 2mm de profundidade.

Aplicação da moxabustão: O número de tratamentos será de dois ao dia, durante uma semana, usando a moxa indireta.

Utilização do ponto em outras patologias: Elimina o excesso de calor do distrito cefálico e em particular da garganta e de todos os órgãos e os anexos respiratórios. Ponto especial para todas as inflamações da garganta e anexos. Otite. Amigdalite. Laringite. Faringite. Epilepsia. Febre. Congestão cefálica. Apoplexia. Graves acessos asmáticos...

ZHONGZHU = Triplo Aquecedor (TE3 – TA 3).

Localização: Sobre a face dorsal da mão, no ângulo entre o 4º e 5º osso metacárpico, na proximidade da articulação do carpo.

Aplicação da digitopuntura: O paciente poderá estar sentado ou deitado, para em seguida exercermos uma pressão com força roteando o polegar, por 2 minutos, uma vez ao dia, até a melhora da patologia.

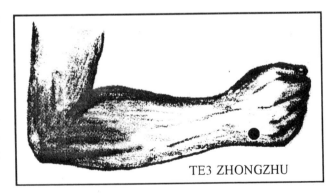

Aplicação da moxabustão: O número de tratamentos será de dois por dia, durante uma semana, usando a moxa indireta.

Aplicação da acupuntura: Inserção oblíqua dirigida para o alto, 2 mm de profundidade.

Utilização do ponto em outras patologias: Apoplexia. Coma. Golpe de calor. Meningite e reações meníngeas com febre elevada. Convulsões infantis...

WANGU = Intestino Delgado (SI4 – ID 4) – ponto principal.

Localização: Encontra-se em uma depressão, sobre a face ulnar, formada pelo 5º metacárpico com o osso unciforme (pode também ser encontrado como unciforme hamato).

Aplicação da digitopuntura: O paciente poderá estar sentado ou deitado, para em seguida exercermos uma pressão com força, roteando o polegar por 2 minutos, uma vez ao dia, até a melhora da patologia.

Aplicação da acupuntura: Inserção perpendicular 0,5 –1 cm de profundidade.

Aplicação de moxabustão: o médico praticará três sessões ao dia, durante uma semana, com moxa indireta por pelo menos três minutos. Repetirá o ciclo após cinco dias de intervalo.

Utilização do ponto em outras patologias. Medo. Ansiedade. Algias e inflamações das articulações do cotovelo, punho e dos dedos. Câibras da mão. Incapacidade de manter a presa...

BURONG = Estômago (S19 – E 19) – ponto principal.

Localização: encontra-se a 2 CUN lateralmente à linha mediana anterior, 1 CUN abaixo do ápice do processo xifóide.

Aplicação da digitopuntura: O paciente em qualquer posição poderá usar a unha do polegar para fazer uma pressão com força, por 2 minutos, uma vez ao dia, até a melhora da patologia.

Aplicação da acupuntura: inserção perpendicular, 1-2 cm de profundidade.

Aplicação da moxabustão: o médico praticará três sessões ao dia, durante uma semana, com moxa indireta, por pelo menos 3 a 4 minutos. Repetirá o ciclo após cinco dias de intervalo.

Utilização do ponto em outras patologias: Tosse Dispnéia. Dor torácica. Falta de apetite. Gastrite. Vômito. Diarréia...

ANSIEDADE

Os pontos a serem tratados são:
DALING; TONGLI; ZHONGFU; YUNMEN.

DALING = Circulação Sexualidade (P7 – CS 7).

Localização: Encontra-se sobre a metade da dobra anterior do pulso, entre os tendões dos músculos palmares breve e longo.

Aplicação da digitopuntura: O paciente em qualquer posição poderá usar a unha do polegar para exercer uma pressão com força, por 2 minutos, uma vez ao **dia, até** a melhora da patologia.

Aplicação da acupuntura: Inserção perpendicular, 0,5 - 1 cm de profundidade.

Aplicação da moxabustão: o médico praticará três sessões ao dia, durante uma semana, com moxa indireta. Repetirá o ciclo após cinco dias de intervalo.

Utilização do ponto em outras patologias: Abaixa a pressão arteriosa, em particular a máxima. Cefaléia. Epilepsia. Depressão. Ansiedade. Hiperexcitabilidade. Insônia. Acúfenos. Inflamações dos olhos...

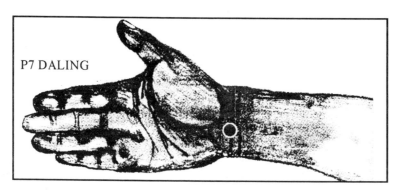

TONGLI = Coração (H5 – C 5).

Localização: Encontra-se sobre a face ulnar medialmente ao tendão do músculo flexor do carpo.

Aplicação da digitopuntura: O paciente em qualquer posição poderá usar a unha do polegar para exercer uma pressão com força, por 2 minutos, uma vez ao dia, até a melhora da patologia.

Aplicação da acupuntura: Inserção perpendicular, 1 – 1,5 cm de profundidade.

Aplicação da moxabustão: o médico praticará três sessões ao dia durante uma semana, com moxa indireta. Repetirá o ciclo após cinco dias de intervalo.

Utilização do ponto em outras patologias: Tremores. Agitação psicofísica. Congestão cerebral. Cefaléia. Vertigens. Dores e congestão ocular. Ansiedade. Depressão...

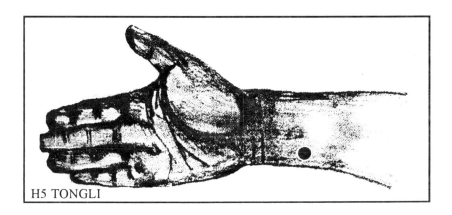

ZHONGFU = Pulmões (L1 – P 1).

Localização: Encontra-se no tórax, no segundo interespaço, sobre a margem lateral superior da terceira costela.

Aplicação da digitopuntura: O paciente, em qualquer posição poderá usar a unha do polegar para exercer uma pressão com força, por 2 minutos, uma vez ao dia, até a melhora da patologia.

Aplicação da acupuntura: Inserção perpendicular, 1 – 1,5 cm de profundidade.

Aplicação da moxabustão: o médico praticará três sessões ao dia, durante uma semana, com moxa indireta. Repetirá o ciclo após cinco dias de intervalo.

Utilização do ponto em outras patologias: Todas as afeções agudas do aparato respiratório. Rinite. Sinusite. Faringite. Amigdalite. Pneumonia. Algias da articulação do ombro e do braço...

YUNMEN = Pulmões (L2 – P 2).

Localização: entre a primeira costela e a clavícula, sobre a linha paraaxilar.

Aplicação da digitopuntura: O paciente, em qualquer posição, poderá usar a unha do polegar para exercer uma pressão com força, por 2 minutos, uma vez ao dia, até a melhora da patologia.

Aplicação da acupuntura: Inserção oblíqua em direção ao lado externo do tórax, 1 – 2,5 cm de profundidade.

Aplicação da moxabustão: O médico praticará três sessões ao dia, durante uma semana, com moxa indireta. Repetirá o ciclo após cinco dias de intervalo.

Utilização do ponto em outras patologias: Todas as afeções agudas do aparato respiratório. Rinite. Sinusite. Faringite. Amigdalite. Laringite...

ASMA

Os pontos a serem tratados são:

TIANTU; Ponto Novo; FEISHU; ZHONGFU; YUNMEN.

TIANTU = Vaso da Concepção (CV22 – VC 22).

Localização: Encontramos o ponto TIANTU na cavidade acima do esterno.

Aplicação da digitopuntura: Usar o dedo indicador para exercer pressão e depois massagear rotando o dedo em sentido horário, por 2 minutos, uma vez ao dia, até a melhora da patologia.

Aplicação de acupuntura: Inserção perpendicular 0,3-0,5 cm de profundidade.

Utilização do ponto em outras patologias: Faringite. Bronquite. Todas as formas de tosse e de catarro (muco). Soluço. Vômito. Icterícia. Espasmos esofágicos e gástricos. Tumefações da tiróide. Parotite. Tumefação da parotide. Acne...

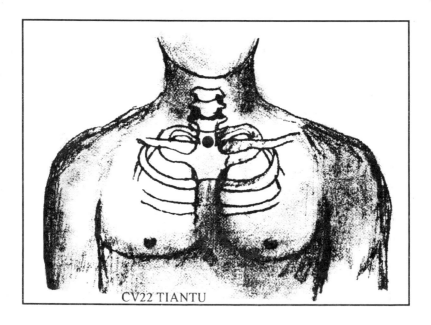

Ponto Novo fora dos meridianos.

Localização: Este novo ponto está localizado a cerca de 2,5 cm ao lado do sétimo disco cervical.

Aplicação da digito-puntura: Durante este tratamento é preferível que o paciente esteja sentado e com a cabeça inclinada para frente. Usar o dedo polegar para massagear com força em direção do disco cervical, por 2 minutos, uma vez ao dia, até a melhora da patologia.

Aplicação de acupuntura: Inserção horizontal, 0,5-1 cm de profundidade.

Utilização do ponto em outras patologias: Asma. Insônia. Cervicobraquialgia. Faringite. Tosse...

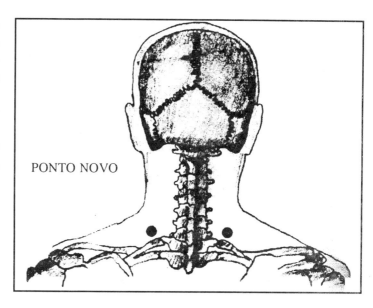

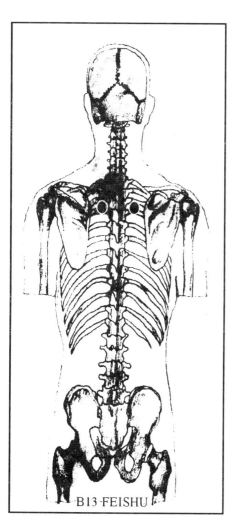

FEISHU = Bexiga (B 13).

Localização: Situa-se a 1,5 CUN lateralmente ao processo espinhal da terceira vértebra dorsal.

Aplicação da digito-puntura: O paciente deverá estar deitado de barriga para baixo. Usar o dedo polegar para massagear com força em direção da terceira vértebra dorsal, por 1 minuto, três vezes ao dia, até a melhora da patologia.

Aplicação de acupuntura: Inserção perpendicular, 0,5-1 cm de profundidade.

Utilização do ponto em outras patologias: Todas as afeções dos pulmões, do intestino e da pele. Tosse. Dispnéia. Tuberculose pulmonar. Depressão. Distúrbios gástricos. Sudoração abundante. Acne. Furunculoses. Prurido cutâneo. Eczema. Escoliose...

ZHONGFU = Pulmões (L1 – P 1).

Localização: Encontra-se no tórax, no segundo interespaço, sobre a margem lateral superior da terceira costela.

Aplicação da digitopuntura: O paciente, em qualquer posição, poderá usar a unha do polegar para exercer uma pressão com força, por 2 minutos, uma vez ao dia, até a melhora da patologia.

Aplicação da acupuntura: Inserção perpendicular, 1 – 1,5 cm de profundidade.

Utilização do ponto em outras patologias: Todas as afeiçoes agudas do aparato respiratório. Rinite. Sinusite. Faringite. Amigdalite. Pneumonia. Algias da articulação do ombro e do braço...

YUNMEN = Pulmões (L2 – P 2).

Localização: entre a primeira costela e a clavícula, sobre a linha paraaxilar.

Aplicação da digitopuntura: O paciente, em qualquer posição, poderá usar a unha do polegar para exercer uma pressão com força, por 2 minutos, uma vez ao dia, até a melhora da patologia.

Aplicação da acupuntura: Inserção oblíqua em direção ao lado externo do tórax, 1 – 2,5 cm de profundidade.

Utilização do ponto em outras patologias: Todas as afeções agudas do aparato respiratório. Rinite. Sinusite. Faringite. Amigdalite. Laringite...

BRAQUIALGIA

Os pontos a serem tratados são:
JIANYU; FEIYANG; TIANFU.

JIANYU = Intestino Grosso (LI15 – IG 15) – ponto principal.

Localização: Encontra-se sobre a borda ânteroinferior da articulação acrômio-clavicular.

Aplicação da digitopuntura: O paciente pode estar sentado ou deitado, o acupuntor exercerá uma pressão com seu dedo polegar, durante 2 minutos, uma vez ao dia, até a melhora da patologia.

Aplicação de acupuntura: Inserção perpendicular, 1-2 cm de profundidade.

Aplicação de moxabustão: Tratar uma vez por dia com moxa indireta. Após uma série de quinze tratamentos suspender por sete dias.

Utilização do ponto em outras patologias: Ponto especial para a hemiplegia. Cefaléia. Seda a dor de modo geral. Cervicobraquialgias. Hipertensão. Náuseas. espermatorréia. Colite. Vômito. Constipação...

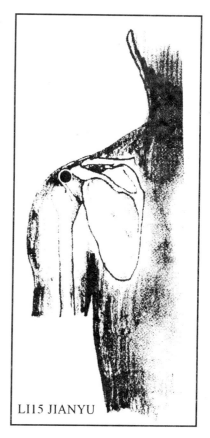

LI15 JIANYU

FEIYANG = Bexiga (B 58).

Localização: A cerca de 1 CUN inferiormente e lateralmente ao ponto B57.

Aplicação da digitopuntura: O paciente poderá estar sentado ou deitado, o acupuntor exercerá uma pressão com força sobre ponto, por 2 minutos, uma vez ao dia, até a melhora da patologia.

Aplicação da acupuntura: Inserção perpendicular 2-3 cm de profundidade.

Aplicação da moxabustão: Um tratamento ao dia com moxa direta. Após uma série de quinze tratamentos suspender por sete dias.

Utilização do ponto em outras patologias: Astenia. Exaurimento psicofísico. Epilepsia. Depressão. Insônia. Lombalgia. Cistite. Quando associado a outros pontos alivia a dor...

TIANFU = Pulmões (L3 – P 3).

Localização: Sobre a face ântero-lateral do braço, a 9 cm da dobra do cotovelo, entre o bíceps e o músculo braquial.

Aplicação da digitopuntura: O paciente poderá estar sentado ou deitado, o acupuntor exercerá uma pressão com força sobre o ponto, por 2 minutos, uma vez ao dia, até a melhora da patologia.

Aplicação de acupuntura: Inserção perpendicular 1-2,5 cm de profundidade.

Aplicação da moxabustão: Um tratamento ao dia com moxa direta. Após uma série de quinze tratamentos suspender por sete dias.

Utilização do ponto em outras patologias: Asma. Epistaxe. Tosse. Braquialgia anterior. Vertigens. Acúfenos. Cefaléia congestiva...

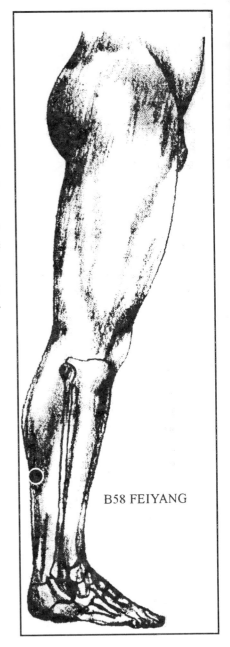

B58 FEIYANG

CEFALÉIA EM CACHO
(Sensação de coroa apertando)

Os pontos a serem tratados são:
LIEQUE;HEGU;WAIGUAN;XIANGJIAN.

LIEQUE = Pulmões (L7 – P 7).

Localização: Se encontra sobre a face interna e lateral do antebraço, sobre o processo estilóide do rádio, em uma depressão, acerca de 3 cm da dobra do punho.

Aplicação da digitopuntura: Sentado ou deitado, o paciente mesmo poderá exercer uma pressão forte por pelo menos 2 minutos. Eventualmente repetir após 15 minutos se a dor persistir.

Aplicação da acupuntura: Inserção oblíqua dirigida para o alto 1-2 cm de profundidade.

Aplicação da moxabustão: Neste tipo de patologia o tratamento será particular, de fato o acupuntor usará 30 minutos por sessão até o desaparecimento da crise.

Utilização do ponto em outras patologias: Cefaléia. Enxaqueca e qualquer dor aguda do crânio. Melhora as afeções inflamatórias em geral.

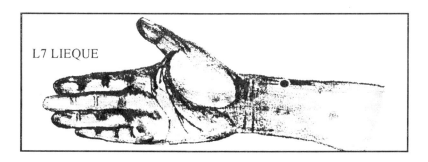

HEGU = Intestino Grosso 4 (LI4 – IG4) – ponto principal.

Localização: O ponto HEGU é localizado contra a face medial do segundo osso metacarpal (indicador), ao nível de uma depressão que é ponto de origem de um pequeno ligamento.

Aplicação da digitopuntura: Sentado ou deitado, o paciente mesmo poderá usar seu polegar para pressionar o segundo metacarpo, por 3-4 minutos. Eventualmente repetir após 15 minutos se a dor persistir.

Aplicação da acupuntura: Inserção perpendicular, 1-2 cm de profundidade.

Aplicação da moxabustão: Neste tipo de patologia o tratamento será particular, de fato o acupuntor usará 30 minutos por sessão até o desaparecimento da crise.

Utilização do ponto em outras patologias: Eficaz para sedar qualquer tipo de dor (aumenta as endorfinas circulantes no organismo). Melhora todas as afeções inflamatórias do distrito cefálico. Conjuntivite. Glaucoma. Cefaléia. Enxaqueca. Tosse. Diarréia. Nevralgia trigeminal. Paralisias faciais periféricas e centrais. Artrose da articulação têmpuro-mandibular. Lipotimia. Gripe epidêmica. Resfriado. Sinusite. Febre aguda e febrícula crônica. Amenorréia. Eczema. Urticária. Acne. Psoríase...

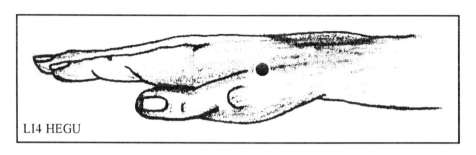

WAIGUAN = Triplo Aquecedor (TE5 – TA 5).

Localização: Encontra-se sob o dorso do antebraço, entre a ulna e o rádio.

Aplicação da digitopuntura: sentado ou deitado, o paciente mesmo poderá usar seu polegar para exercer uma pressão com força, por 3-4 minutos. Eventualmente repetir após 15 minutos se a dor persistir.

Aplicação da acupuntura: Inserção perpendicular, 1,5-2,5 cm de profundidade.

Aplicação da moxabustão: Neste tipo de patologia o tratamento será particular, de fato o acupuntor usará 30 minutos por sessão até o desaparecimento da crise.

Utilização do ponto em outras patologias: Suor sem causa aparente. Cefaléia que advém da mudança de tempo. Cefaléia do vértice, da nuca e superciliar. Dor intensa nos dedos. Artrose do antebraço...

XINGJIAN = Fígado (LIV2 – F 2)

Localização: No espaço interdigital entre o 1º e 2º dedo do pé na altura da articulação metatarso-falangeana.

Aplicação da digitopuntura: sentado ou deitado, o paciente mesmo poderá usar o polegar para exercer uma pressão com força, por 3-4 minutos. Eventualmente repetir após 15 minutos se a dor persistir.

Aplicação de acupuntura: Inserção oblíqua, 0,5-1 cm de profundidade.

Aplicação da moxabustão: Neste tipo de patologia o tratamento será particular, de fato o acupuntor usará 30 minutos por sessão até o desaparecimento da crise.

Utilização do ponto em outras patologias: Melancolia. Depressão. Epilepsia. Transpiração excessiva. Cefaléia digestiva. Dores no peito. Prurido anal. Dores no pênis. Enurese noturna....

CONVULSÕES EM CRIANÇAS

Os pontos a serem tratados são:
JUGU e o Ponto Auricular.

JUGU = Intestino grosso (LI16 – IG 16).

Localização: Sobre o ombro, na fossa triangular delimitada na frente pela clavícula e atrás pelo acrômio, medialmente perante a articulação acrômio-clavicular.

Aplicação da digitopuntura: para este tipo de patologia é aconselhável uma rápida intervenção de pessoal especializado. Usar o polegar para exercer uma pressão com força, por dois minutos.

Aplicação da acupuntura: Inserção oblíqua, 2,5-3 cm de profundidade.

Utilização do ponto em outras patologias: Tosse. Hemoptise. Tuberculose. Convulsões infantis. Dores no ombro e no dorso. Torções. Afeções do cólon...

Ponto Auricular

Localização: O Ponto Auricular encontra-se no centro do lóbulo.

Aplicação da digitopuntura: No caso de uma necessidade, qualquer um, segurando a criança em qualquer posição, deverá apertar o lóbulo entre o polegar e o indicador por 3 minutos. Porém, para este tipo de patologia é aconselhável a intervenção, o quanto antes, de pessoal especializado.

Aplicação da acupuntura: Inserção perpendicular, 2-3 cm de profundidade.

Utilização do ponto em outras patologias: Convulsões. Afeições do olho. Terçol. Hiperemotividade...

CONSTIPAÇÃO

Os pontos a serem tratados são:
ZHONGJI; CHANGQUIANG.

ZHONGJI = Vaso da concepção (CV3 – VC 3)

Localização: encontra-se a cerca de 8 cm abaixo do umbigo, ao longo da linha mediana da superfície abdominal.

Aplicação da digitopuntura: O paciente deverá estar deitado; com o polegar ou a palma da mão exercer uma pressão com força, por 2 minutos, uma vez ao dia, até a melhora da patologia.

Aplicação da acupuntura: inserção perpendicular 2,5-3 cm de profundidade.

Utilização do ponto em outras patologias: Astenia. Exaustão nervosa. Polaciúria. Esterilidade masculina. Uretrite. Prostatite. Leucorréia. Dismenorréia. Distúrbios da esfera sexual...

CHANG QUIANG = Vaso Governador (GV1 – VG1).

Localização: se encontra na metade da linha que conjuga o ânus ao ponto do cóccix.

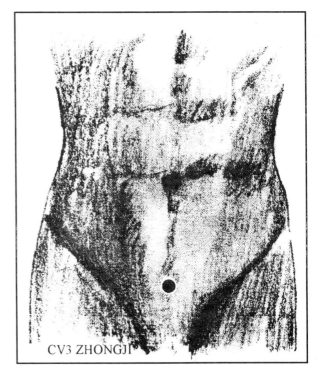

Aplicação da digitopuntura: A posição ideal para o paciente é estar deitado de barriga para baixo, o acupuntor ou alguém por ele, usará o dedo indicador para exercer uma pressão e depois massagear, por 2 minutos, uma vez ao dia, até a melhora da patologia.

Aplicação de acupuntura: Inserção perpendicular dirigida para o alto, 1-2,5 cm de profundidade.

Aplicação da moxabustão: durante duas semanas praticar uma sessão diária com moxa direta.

Utilização do ponto em outras patologias: Cansaço geral. Hemorróidas. Prurido anal. Eczema anal. Retenção de urina. Uretrite. Dor no pênis. Amenorréia. Dismenorréia...

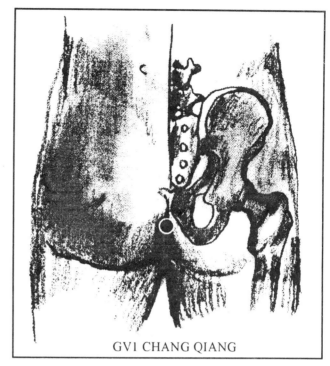

GV1 CHANG QIANG

DEPRESSÃO

Os pontos a serem tratados são:
BAIHUI; ZUSANLI; SHENMEN.

BAIHUI = Vaso Governador (GV20 – VG 20) – ponto principal.

Localização: localizado no topo da cabeça, onde a linha mediana cruza com a linha de conjunção que parte dos extremos das helixes das orelhas.

Aplicação da digitopuntura: o paciente poderá estar sentado ou deitado, o acupuntor usará o polegar para exercer uma pressão com força, por 2 minutos, uma vez ao dia, até a melhora da patologia.

Aplicação da acupuntura: Inserção horizontal dirigida para baixo, 0,5-1 cm de profundidade.

Aplicação da moxabustão: Os tratamentos serão uma vez a cada dois dias com **moxa indireta. Após dez** sessões suspender por uma semana. Retomar o tratamento se necessário.

Utilização do ponto em outras patologias: Excitação. Depressão. Balbuciar (gaguejar). Epilepsia. Esquizofrenia. Histeria. Neurastenia. Amnésia. Apoplexia...

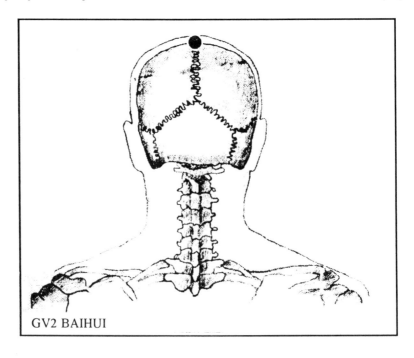

GV2 BAIHUI

ZUSANLI = Estômago (S36 – E36) – ponto principal.

Localização: O ponto Zusanli está localizado na crista tibial abaixo do plateu, 3 CUN abaixo do ápice da rótula.

Aplicação da digitopuntura: é aconselhável ao paciente estar deitado ou sentado, o acupuntor usará o polegar para pressionar e depois massagear rotando o dedo, em sentido horário, por 2 minutos, uma vez ao dia, até a melhora da patologia.

Aplicação da acupuntura: Inserção perpendicular, 2-3 cm de profundidade.

Aplicação da moxabustão: durante duas semanas praticar uma sessão diária com moxa direta.

Utilização do ponto em outras patologias: Gastrite e gastralgia. Úlcera gastroduodenal. Diarréia. Apendicopatias. Colite funcional. Cefaléias. Enxaquecas. Hipo e hipertensão. Tremor. Intoxicação alimentar. Depressão e distúrbios neuróticos...

SHENMEN = Coração (H7 – C 7).

Localização: Encontra-se sobre a face ulnar na borda posterior do osso pisiforme, na extremidade interna da dobra do punho.

Aplicação da digitopuntura: os pacientes estarão sentados ou deitados, o acupuntor usará a unha do polegar para exercer uma pressão com força, por 2 minutos, uma vez ao dia, até a melhora da patologia.

Aplicação da acupuntura: inserção perpendicular 1-2 cm de profundidade.

Aplicação da moxabustão: Os tratamentos serão uma vez a cada dois dias com moxa indireta. Após dez sessões suspender por uma semana. Retomar o tratamento se necessário.

Utilização do ponto em outras patologias: Hiperemotividade. Tremores. Psicose. Bulimia. Neurastenia. Torcicolo agudo. Algias e rigidez cervical. Dores do pulso (punho). Distúrbios nervosos e mentais. Cefaléia. Surdez e outras afeções do ouvido...

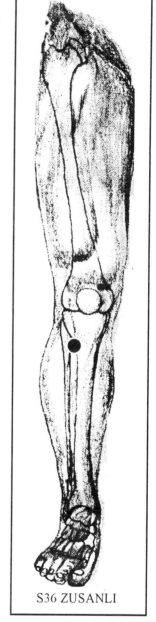

S36 ZUSANLI

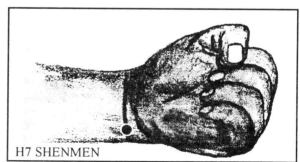

H7 SHENMEN

DIARRÉIA

Os pontos a serem tratados são:
SANJIAN; YANLINGQUAN; ZUSANLI; DAHENG; WEISHU.

SANJIAN = Intestino grosso (LI3 – IG 3).

Localização: Na face externa do indicador, acima da cabeça do 2º osso metacarpal, em uma depressão.

Aplicação da digitopuntura: o paciente poderá estar sentado ou deitado, o acupuntor usará o polegar para exercer uma pressão com força, por 2 minutos, uma vez ao dia, até a melhora da patologia.

Aplicação da acupuntura: Inserção perpendicular, 1-2 cm de profundidade.

Aplicação da moxabustão: De dois a quatro tratamentos ao dia com moxa indireta se a diarréia for aguda. Um tratamento somente, a cada dois dias, se for uma diarréia comum, como sintoma de colite crônica.

Utilização do ponto em outras patologias: Hiperemotividade. Dores dos olhos e anexos (pálpebras, glândula lacrimal). Algias dentárias da arcada inferior. Faringite. Distúrbios do aparato gastroentérico...

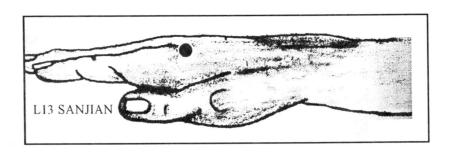

YANGLINGQUAN = Vesícula Biliar (G34 – VB 34)

Localização: Na face externa da perna, em uma depressão abaixo e na frente do perônio.

Aplicação da digitopuntura: O paciente poderá estar sentado ou deitado, o acupuntor usará o polegar para exercer uma pressão com força, por 2 minutos, uma vez ao dia, até a melhora da patologia.

Aplicação da acupuntura: Inserção perpendicular, 2-3 cm de profundidade.

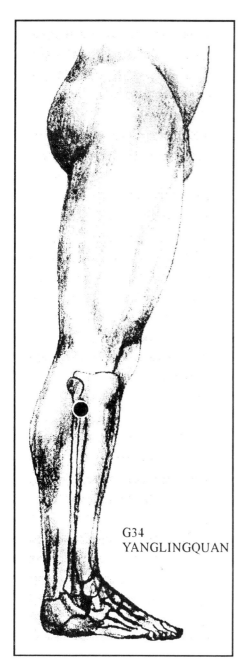

G34 YANGLINGQUAN

Aplicação da moxabustão: De dois a quatro tratamentos ao dia com moxa indireta se a diarréia for aguda. Um tratamento somente, a cada dois dias, se for uma diarréia comum, como sintoma de colite crônica.

Utilização do ponto em outras patologias: Afeções musculares. Aumenta globalmente a força muscular no todo. Artrose do joelho. Constipação obstinada. Ansiedade. Diarréia...

ZUSANLI = Estômago (S36 – E36) – ponto principal.

Localização: O ponto Zusanli está localizado na crista tibial abaixo do plateu, 3 CUN abaixo do ápice da rótula.

Aplicação da digitopuntura: é aconselhável ao paciente estar deitado ou sentado, o acupuntor usará o polegar para pressionar e depois massagear rotando o dedo em sentido horário, por 2 minutos, uma vez ao dia, até a melhora da patologia.

Aplicação da acupuntura: Inserção perpen-dicular, 2-3 cm de profundidade.

Aplicação da moxabustão: De dois a quatro tratamentos ao dia com moxa indireta se a diarréia for aguda. Um tratamento somente, a cada dois dias, se for uma diarréia comum, como sintoma de colite crônica.

Utilização do ponto em outras patologias: Gastrite e gastralgia. Úlcera gastroduodenal. Diarréia. Apendico-

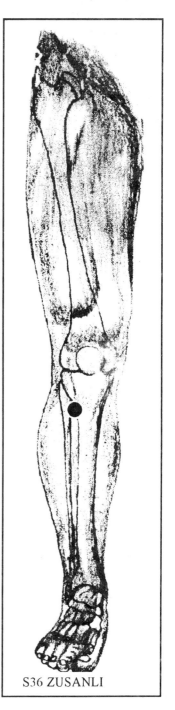

S36 ZUSANLI

patias. Colite funcional. Cefaléias. Enxaquecas. Hipo e hipertensão. Tremor. Intoxicação alimentar. Depressão e distúrbios neuróticos...

DAHENG = Baço-Pâncreas (Sp15 – BP 15).

Localização: encontra-se na linha umbilical transversa, 4 distancias do umbigo.

Aplicação da digitopuntura: É aconselhável estar deitado ou sentado, o acupuntor usará o polegar para pressionar e depois massagear rotando o dedo em sentido horário, por 2 minutos, uma vez ao dia, até a melhora da patologia.

Aplicação da acupuntura: Inserção perpendicular 1-2,5 cm de profundidade.

Aplicação da moxabustão: De dois a quatro tratamentos ao dia com moxa indireta se a diarréia for aguda. Um tratamento somente, a cada dois dias, se for uma diarréia comum, como sintoma de colite crônica.

Utilização do ponto em outras patologias: Exaustão nervosa. Epilepsia. Tetraparesia. Insuficiência hepática. Constipação. Paralisia intestinal. Parasitose intestinal. Sudoração...

WEISHU = BEXIGA (B 21)

Localização: Encontra-se na altura da décima segunda vértebra dorsal, lateralmente, a 3 cm do processo espinhoso.

Aplicação da digitopuntura: Estando deitados ou sentados usar o polegar para pressionar para baixo e depois massagear para o alto por 3-4 minutos, uma vez ao dia, até a melhora da patologia.

Aplicação da acupuntura: inserção perpendicular 0,5-1 cm de profundidade.

Aplicação da moxabustão: De dois a quatro tratamentos ao dia com moxa indireta se a diarréia for aguda. Um tratamento somente, a cada dois dias, se for uma diarréia comum, como sintoma de colite crônica.

Utilização do ponto em outras patologias: Todas as afeções do estômago e de todo o aparelho digestivo. Dores gástricas. Gastrite. Atrofia gástrica. Regurgitação ácida. Náusea e vômito de origem gástrica. Paralisia dos músculos abdominais...

DISMENORRÉIA

Os pontos a serem tratados são:
ZIGONG;GUANYUAN;KUNLUN;QUCHI.

ZIGONG = Ponto Novo fora dos meridianos – ponto principal.

Localização: Três CUN lateralmente à linha mediana anterior e 2 CUN acima da margem superior do púbis.

Aplicação da digitopuntura: O paciente estará sentado ou deitado, o acupuntor usará o polegar para exercer uma pressão para baixo com força, por 2 minutos, uma vez ao dia, até a melhora da patologia.

Aplicação da acupuntura: inserção perpendicular, 2-4 cm de profundidade.

Aplicação da moxabustão: O tratamento consistirá em uma sessão em dias alternados, do 18º dia do ciclo até o comparecimento da menstruação.

Utilização do ponto em outras patologias: Esterilidade feminina. Prolapso uterino. Amenorréia. Apendicite. Pielonefrite....

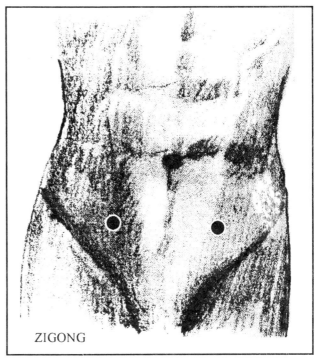
ZIGONG

GUANYUAN = Vaso da Concepção (CV4 – VC 4) – ponto principal.

Localização: Encontra-se a 2 CUN acima da margem superior do púbis.

Aplicação da digitopuntura: preferencialmente deitado, a paciente mesmo poderá usar o polegar ou a palma da mão para massagear com força, por pelo menos 4 minutos, uma vez ao dia, até a melhora da patologia.

Aplicação da acupuntura: Inserção perpendicular 2-3 cm de profundidade.

Aplicação da moxabustão: O tratamento consistirá em uma sessão em dias alternados, do 18º dia do ciclo até o comparecimento da menstruação.

Utilização do ponto em outras patologias: Amenorréia. Espermatorréia. Impotência. Diarréia. Enurese. Cefaléia. Vertigens. Insônia. Dor periumbelical. Polução noturna. Ejaculação precoce. Anuria. Esterilidade. Meno e metrorragia...

KUNLUN = BEXIGA (B 60).

Localização: Na depressão entre o maléolo externo e o tendão calcanheo.

Aplicação da digitopuntura: preferencialmente deitado, a paciente mesmo poderá usar o polegar ou a palma da mão para massagear com força, por pelo menos 4 minutos, uma vez ao dia, até a melhora da patologia.

Aplicação da acupuntura: Inserção perpendicular 1-2 cm de profundidade.

Aplicação da moxabustão: O tratamento consistirá em uma sessão em dias alternados, do 18º dia do ciclo até a comparecimento da menstruação.

Utilização do ponto em outras patologias: Inquietude (agitação). Insônia. Cefaléia. Otalgia. Lombociatalgia. Dismenorréia acompanhada por hemicrânia.

QUCHI = Intestino Grosso (LI11 – IG 11).

Localização: Encontra-se na depressão presente na face lateral do cotovelo, ao longo da linha de flexão, quando o braço é fletido anteriormente ao epicôndilo umeral.

Aplicação da digitopuntura: Preferencialmente deitado, a paciente mesmo poderá usar o polegar ou a palma da mão para massagear com força, por pelo menos 4 minutos, uma vez ao dia, até a melhora da patologia.

Aplicação da acupuntura: Inserção perpendicular 2-3 cm de profundidade.

Aplicação da moxabustão: O tratamento consistirá em uma sessão em dias alternados, do 18º dia do ciclo até a comparecimento da menstruação.

Utilização do ponto em outras patologias: Inquietude (agitação). Cefaléia. Medo. Periartrite escápulo-umeral. Paralisia do membro superior. Febre. Amigdalite. Otite. Acne. Tênis Elbow. Constipação. Dismenorréia...

DISTÚRBIOS MOTORES

Os pontos a serem tratados são:
Ponto Novo; NEIGUAN; ZUSANLI; SANYINJIAO.

Ponto Novo fora dos meridianos.

Localização: cerca de 2,5 atrás do lóbulo.

Aplicação da digitopuntura: O paciente estará sentado ou deitado, o acupuntor usará o polegar para exercer uma pressão para baixo com força, por 2 minutos, uma vez ao dia, até a melhora da patologia.

Aplicação da moxabustão: Os tratamento serão de uma vez ao dia durante 10 dias, com moxa direta. Suspender por uma semana e repetir o ciclo.

Aplicação da acupuntura: Inserção perpendicular, 0,5-1 cm de profundidade.

Utilização do ponto em outras patologias: Algias e rigidez cervical. Cefaléias. Hemicrânia. Inflamações da parótida.

NEIGUAN = Circulação-Sexualidade (P6 – CS6).

Localização: Se encontra sobre a face anterior do antebraço, dois centímetros acima da dobra do punho.

Aplicação da digitopuntura: Estando deitado ou sentado usar o polegar fazendo pressão para baixo e massageando em sentido rotatório, por 3 minutos ao dia, até a melhora da patologia.

Aplicação da acupuntura: inserção perpendicular, 1-2,5 cm de profundidade.

Aplicação da moxabustão: Os tratamentos, serão de uma vez ao dia, durante 10 dias, com moxa direta. Suspender por uma semana e repetir o ciclo.

Utilização do ponto em outras patologias: Hemorróidas. Constipação. Diarréia. Timidez. Amnésia. Vômito. Gengivite. Glossite (Inflamação da língua)...

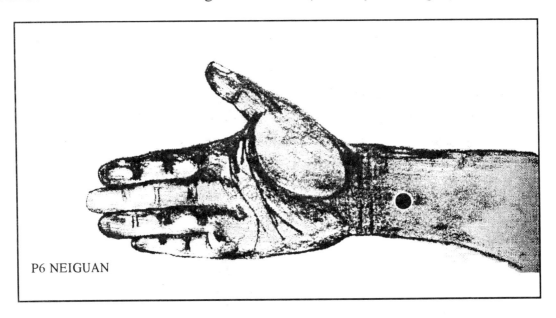

P6 NEIGUAN

ZUSANLI = Estômago (S36 – E36) – ponto principal.

Localização: O ponto Zusanli está localizado na crista tibial abaixo do plateu, 3 CUN abaixo do ápice da rótula.

Aplicação da digitopuntura: é aconselhável ao paciente estar deitado ou sentado, o acupuntor usará o polegar para pressionar e depois massagear rotando o dedo, em sentido horário, por 2 minutos, uma vez ao dia, até a melhora da patologia.

Aplicação da acupuntura: Inserção perpendicular, 2-3 cm de profundidade.

Aplicação da moxabustão: Os tratamento serão de uma vez ao dia, durante 10 dias, com moxa direta. Suspender por uma semana e repetir o ciclo.

Utilização do ponto em outras patologias: Gastrite e gastralgia. Úlcera gastroduodenal. Diarréia. Apendicopatias. Colite funcional. Cefaléias. Enxaquecas. Hipo e hipertensão. Tremor. Intoxicação alimentar. Depressão e distúrbios neuróticos...

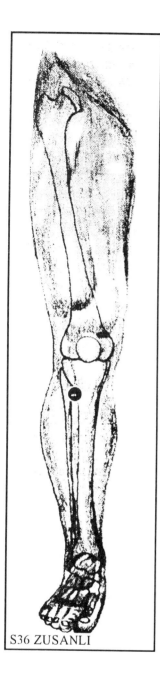

SANYINJIAO = Baço-Pâncreas (Sp6 – BP 6).

Localização: Encontra-se a 3 CUN acima da ponta do maléolo medial contra a margem posterior da tíbia.

Aplicação da digitopuntura: O paciente deverá estar deitado, será o acupuntor a usar o polegar para exercer uma pressão, durante 2 minutos, uma vez ao dia, até a melhora da patologia.

Aplicação da acupuntura: Inserção perpendicular, 1-2 cm de profundidade.

Aplicação da moxabustão: Os tratamentos serão de uma vez ao dia, durante 10 dias, com moxa direta. Suspender por uma semana e repetir o ciclo.

Utilização do ponto em outras patologias: Eleva os níveis soro-hormonais. Afeções gastrointestinais. Angina Pectoris. Hipertensão. Arteriosclerose. Amenorréia. Dismenorréia. Dores menstruais (cólicas). Enurese noturna. Ejaculação precoce. Impotência. Esterilidade. Espermatorréia. Orquite. Polaciúria. Cistite. Incontinência urinária. Hemiplegia. Nevrose. Ponto abortivo. Intensa ação sob grande parte das afeções vasculares...

DORES NOS COTOVELOS

Os pontos a serem tratados são:
QUCHI; DUBI.

QUCHI = Intestino Grosso (LI11 – IG 11).

Localização: Encontra-se na depressão presente na face lateral do cotovelo, ao longo da linha de flexão, quando o braço é fletido anteriormente ao epicôndilo umeral.

Aplicação da digitopuntura: Preferencialmente deitada, a paciente mesmo poderá usar o polegar ou a palma da mão para massagear com força, por pelo menos 2 minutos, uma vez ao dia, até a melhora da patologia.

Aplicação da acupuntura: Inserção perpendicular 2-3 cm de profundidade.

Utilização do ponto em outras patologias: Remove as inflamações das articulações e tem uma ação calmante sobre a dor, além de ser utilizado em algumas doenças de pele (acne, furuncolose...) e da circulação (hipertensão, espasmos...). Cefaléia. Inquietude (agitação). Medo. Periartrite escápulo-umeral. Paralisia dos membros superiores. Febre. Amigdalite. Otite. Hemiplegia. Convulsões. Conjuntivite. Eczema. Acne. Neurodermatite. Epicondilite traumática e artrósica. Constipação. Dismenorréia. Prurido...

DUBI = Estômago (S35 – E 35) – ponto principal.

Localização: Encontra-se na depressão lateralmente ao ápice da rótula.

Aplicação da digitopuntura: O paciente deverá sentar-se fletindo o joelho, o acupuntor usará o polegar para exercer uma pressão com força no ponto, durante 2 minutos, uma vez ao dia, até a melhora da patologia.

Aplicação da acupuntura: Inserção oblíqua dirigida para o interior, 2,5-3 cm de profundidade.

Utilização do ponto em outras patologias: Artrose e impotência funcional do joelho. Distúrbios do aparato gastroentérico. Distúrbios do aparato neuromuscular. Melhora as afeções inflamatórias em geral...

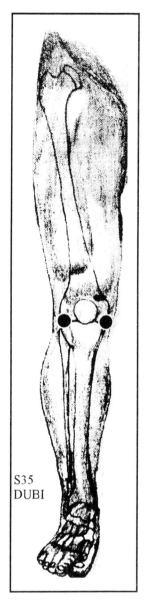

DORES NOS PUNHOS

Os pontos a serem tratados são:
YANGLAO; DUBI.

YANGLAO = Intestino Delgado (SI6- ID 6).

Localização: O ponto se localiza em uma depressão, na cabeça da ulna sobre a margem radial.

Aplicação da digitopuntura: O paciente poderá ficar em qualquer posição, o acupuntor usará a unha do polegar para exercer uma pressão para baixo com força, por 2 minutos, uma vez ao dia, até a melhora da patologia.

Aplicação da acupuntura: Inserção perpendicular ou oblíqua, 1-2,5 cm de profundidade.

Utilização do ponto em outras patologias: Inquietude (agitação). Ansiedade. Depressão. Insônia. Conjuntivite. Blefarite. Faringo-amigdalite. Otalgia. Surdez. Epistaxe. Rinite. Paralisia facial. Dor e edema do antebraço e da mão...

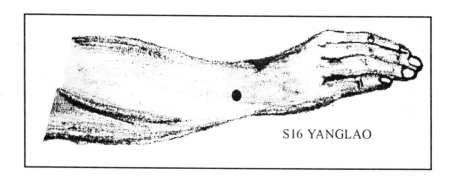

DUBI = Estômago (S35 – E 35) – ponto principal.

Localização: Encontra-se na depressão lateralmente ao ápice da rótula.

Aplicação da digitopuntura: O paciente deverá sentar-se fletindo o joelho, o acupuntor usará o polegar para exercer uma pressão com força no ponto durante 2 minutos, uma vez ao dia, até a melhora da patologia.

Aplicação da acupuntura: Inserção oblíqua dirigida para o interior, 2,5-3 cm de profundidade.

Utilização do ponto em outras patologias: Artrose e impotência funcional do joelho. Distúrbios do aparato gastroentérico. Distúrbios do aparato neuromuscular. Melhora as afeções inflamatórias em geral...

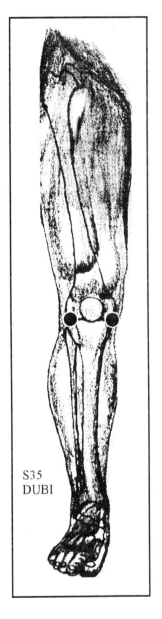

S35
DUBI

DORES NOS JOELHOS

Os pontos a serem tratados são:
DUBI; YANGLINQUAN.

DUBI = Estômago (S35 – E 35) – ponto principal.

Localização: Encontra-se na depressão lateralmente ao ápice da rótula.

Aplicação da digitopuntura: O paciente deverá sentar-se fletindo o joelho, o acupuntor usará o polegar para exercer uma pressão com força no ponto, durante 2 minutos, uma vez ao dia, até a melhora da patologia.

Aplicação da acupuntura: Inserção oblíqua dirigida para o interior, 2,5-3 cm de profundidade.

Utilização do ponto em outras patologias: Artrose e impotência funcional do joelho. Distúrbios do aparato gastroentérico. Distúrbios do aparato neuromuscular. Melhora as afeções inflamatórias em geral...

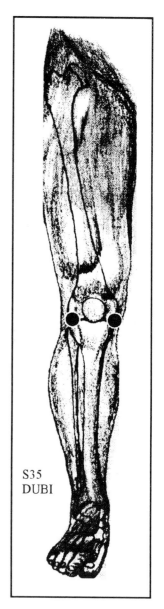

S35
DUBI

YANLINGQUAN = Vesícula Biliar (G34 – VB 34).

Localização: Na face externa da perna, em uma depressão abaixo e na frente do perônio.

Aplicação da digitopuntura: o paciente poderá estar sentado ou deitado, o acupuntor usará o polegar para exercer uma pressão com força, por 2 minutos, uma vez ao dia, até a melhora da patologia.

Aplicação da acupuntura: Inserção perpendicular, 2-3 cm de profundidade.

Utilização do ponto em outras patologias: Afeções musculares. Aumenta globalmente a força muscular no todo. Artrose do joelho. Constipação obstinada. Ansiedade. Diarréia...

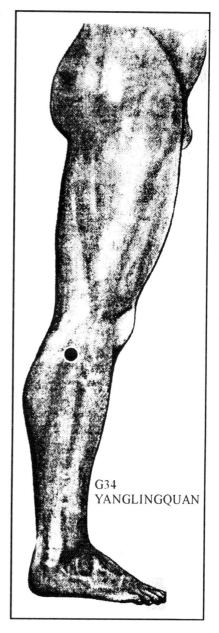

G34
YANGLINGQUAN

DORES NO ABDÔMEN

Os pontos a serem tratados são:
ZUSANLI; ZHONGWAN.

ZUSANLI = Estômago (S36 – E36) – ponto principal.

Localização: O ponto Zusanli está localizado na crista tibial abaixo do plateu 3 CUN abaixo do ápice da rótula.

Aplicação da digitopuntura: é aconselhável ao paciente estar deitado ou sentado, o acupuntor usará o polegar para pressionar e depois massagear rotando o dedo, em sentido horário, por 2 minutos, uma vez ao dia, até a melhora da patologia.

Aplicação da acupuntura: Inserção perpendicular, 2-3 cm de profundidade.

Aplicação da moxabustão: Por duas semanas praticar uma sessão diária, com moxa direta.

Utilização do ponto em outras patologias: Gastrite e gastralgia. Úlcera gastroduodenal. Diarréia. Apendicopatias. Colite funcional. Cefaléias. Enxaquecas. Hipo e hipertensão. Tremor. Intoxicação alimentar. Depressão e distúrbios neuróticos...

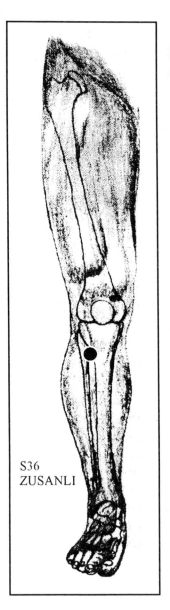

S36
ZUSANLI

ZHONGWAN = Vaso da Concepção (CV12 – VC 12).

Localização: Este se encontra a cerca de 3 CUN acima do umbigo, ao longo da linha mediana do abdômen.

Aplicação da digitopuntura: O paciente poderá estar sentado ou deitado, o acupuntor usará seu polegar ou sua mão para massagear em direção ao interior do abdômen. O tratamento se prolongará até a melhora da patologia.

Aplicação da acupuntura: Inserção perpendicular, 2,5-3 cm de profundidade.

Utilização do ponto em outras patologias: Obesidade. Vômito ocasionais por gravidez. Soluço. Ptose gástrica. Úlcera gastroduodenal. Dispepsia. Meteorismo. Aerofagia. Neoplasia em geral no abdômen. Dor precordial. Extrasistole. Taquicardia. Inflamações do aparato gastroentérico. Náuseas...

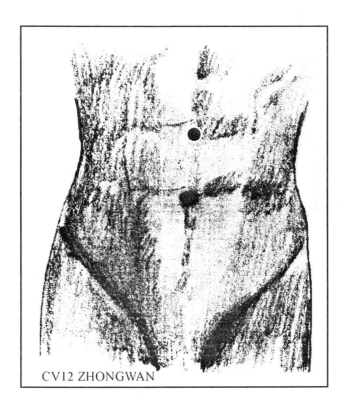

CV12 ZHONGWAN

DORES NOS TORNOZELOS

Os pontos a serem tratados:
HEGU; KUNLUN.

HEGU = Intestino Grosso 4 (LI4 – IG4) – ponto principal.

Localização: O ponto HEGU é localizado contra a face medial do segundo osso metacárpico (indicador), ao nível de uma depressão que é ponto de origem de um pequeno ligamento.

Aplicação da digitopuntura: Sentado ou deitado, o paciente mesmo poderá usar seu polegar para pressionar o segundo metacarpo por 3-4 minutos. Eventualmente repetir após 15 minutos se a dor persistir.

Aplicação da acupuntura: Inserção perpendicular, 1-2 cm de profundidade.

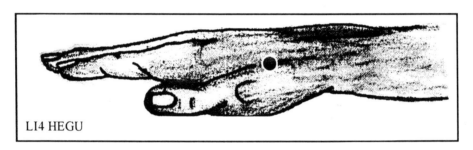

Utilização do ponto em outras patologias: Eficaz para sedar qualquer tipo de dor (aumenta as endorfinas circulantes no organismo). Melhora todas as afeções inflamatórias do distrito cefálico. Conjuntivite. Glaucoma. Cefaléia. Enxaqueca. Tosse. Diarréia. Nevralgia trigeminal. Paralisias faciais periféricas e centrais. Artrose da articulação têmpuro-mandibular. Lipotimia. Gripe epidêmica. Resfriado. Sinusite. Febre aguda e febrícula crônica. Amenorréia. Eczema. Urticária. Acne. Psoríase...

KUNLUN = BEXIGA (B 60).

Localização: Na depressão entre o maléolo externo e o tendão calcâneo.

Aplicação da digitopuntura: preferencialmente deitado, a paciente mesmo poderá usar o polegar ou a palma da mão para massagear com força, por pelo menos 4 minutos, uma vez ao dia, até a melhora da patologia.

Aplicação da acupuntura: Inserção perpendicular 1-2 cm de profundidade.

Utilização do ponto em outras patologias: Inquietude (agitação). Insônia. Cefaléia. Otalgia. Lombociatalgia. Dismenorréia acompanhada por hemicrania.

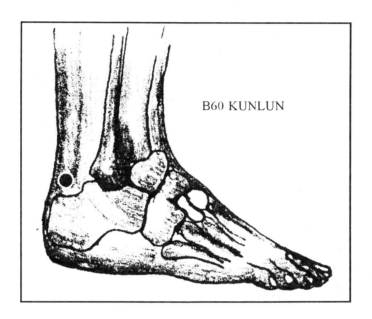

DORES NOS OMBROS

Os pontos a serem tratados são:
JIANYU; JIANJING.

JIANYU = Intestino Grosso (LI15 – IG 15) – ponto principal.

Localização: Encontra-se sobre a borda ântero-inferior da articulação acromioclavicular.

Aplicação da digitopuntura: O paciente poderá estar sentado ou deitado, o acupuntor com seu polegar exercerá uma pressão com força rotando por 2 minutos, uma vez ao dia, até a melhora da patologia.

Aplicação da acupuntura: Inserção perpendicular, 1-2 cm de profundidade.

Aplicação da moxabustão: Um tratamento ao dia com moxa direta. Após uma série de quinze tratamentos suspender por sete dias.

Utilização do ponto em outras patologias: Ponto especial para hemiplegia. Cefaléia. Seda a dor de modo geral. Cervicobraquialgia. Hipertensão. Náuseas. Espermatorréia. Colite. Vômito. Constipação...

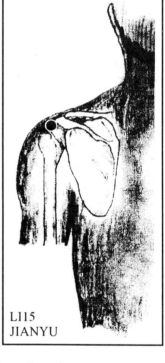

LI15
JIANYU

JIANJING = Vesícula Biliar (G21 – VB 21).

Localização: Encontra-se no ombro entre os músculos esternocleidomastóideo e o trapézio.

Aplicação da digitopuntura: com o paciente sentado, o acupuntor usará seu polegar sobre o ponto, com a mão apoiada sobre ombro, apertando e soltando. Repetir por cerca de 1 minuto.

Aplicação da acupuntura: Inserção perpendicular, 1-2,5 cm de profundidade.

Utilização do ponto em outras patologias: Dores cervicais. Dores no ombro. Sensação de peso e impotência funcional do membro superior. Mastite. Hipertireoidismo. Hipermenorréia. Depressão. Lombalgia. Adenopatia do colo (pescoço). Tuberculose...

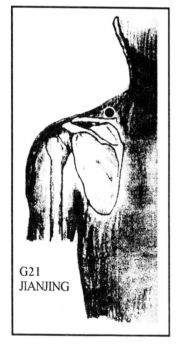

G21
JIANJING

DOR DE DENTES

Os pontos a serem tratados são:
HEGU; XIAGUAN; JIACHE.

HEGU = Intestino Grosso 4 (LI4 – IG4) – ponto principal.

Localização: O ponto HEGU é localizado contra a face medial do segundo osso metacárpico (indicador) ao nível de uma depressão que é ponto de origem de um pequeno ligamento.

Aplicação da digitopuntura: Sentado ou deitado, o paciente mesmo poderá usar seu polegar para pressionar o segundo metacarpo por 3-4 minutos. Eventualmente repetir após 15 minutos se a dor persistir.

Aplicação da acupuntura: Inserção perpendicular, 1-2 cm de profundidade.

Utilização do ponto em outras patologias: Eficaz para sedar qualquer tipo de dor (aumenta as endorfinas circulantes no organismo). Melhora todas as afecções inflamatórias do distrito cefálico. Conjuntivite. Glaucoma. Cefaléia. Enxaqueca. Tosse. Diarréia. Nevralgia trigeminal. Paralisias faciais periféricas e centrais. Artrose da articulação temporomandibular. Lipotimia. Gripe epidêmica. Resfriado. Sinus... Febre aguda e febrícula crônica. Amenorréia. Eczema. Urticária. Acne. Psoríase...

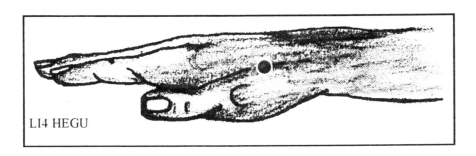

XIAGUAN = Estômago (S7 – E 7) – ponto principal.

Localização: Ponto localizado em uma depressão inferior do arco zigomático anteriormente ao processo condilóide da mandíbula.

Aplicação da digitopuntura: Aconselha-se ao paciente estar sentado ou deitado, o acupuntor usará o polegar para exercer uma pressão em sentido horário. O tratamento continuará até o desaparecimento dos sintomas.

Aplicação da acupuntura: Inserção perpendicular, 1-2,5 cm de profundidade.

Utilização do ponto em outras patologias: Hemiplegia. Paralisia facial. Nevralgias do trigêmeo e dentais. Odontalgia. Gengivite. Patologia da articulação temporomandibular. Otite. Surdez. Acúfenos. Parotite supurativa. Parotidite...

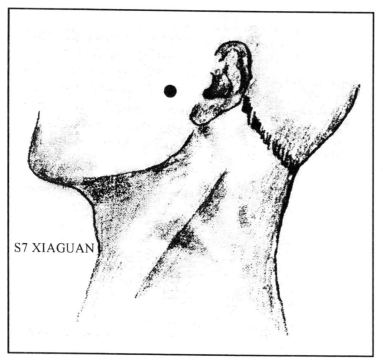

JIACHE = Estômago (S6 – E 6).

Localização: Ponto localizado no ângulo da mandíbula, local ântero-superior entre os 2 tendões do músculo masseter.

Aplicação da digitopuntura: É preferível que este tratamento venha efetuado exclusivamente por pessoal especializado, que usará o polegar para massagear com força. O paciente poderá estar sentado ou deitado. O tratamento continuará até o desaparecimento dos sintomas.

Aplicação da acupuntura: Inserção perpendicular, 0,5-1 cm de profundidade ou oblíqua dirigida para frente, 2-3 cm, ao ponto E 4 DICANG.

Utilização do ponto em outras patologias: Hemiplegia. Algias dentárias. Paralisia facial. Balbuciar (gaguejar). Amigdalite. Inflamações da parótide. Espasmos do masseter. Artrose e algias da articulação temporomandibular. Torcicolo. Acne. Parotite supurativa...

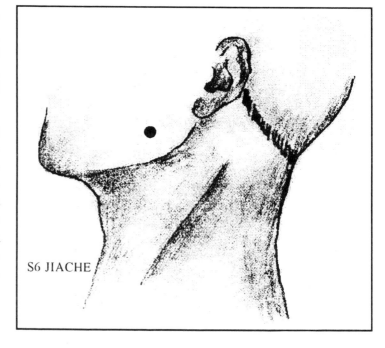

ECZEMA

Os pontos a serem tratados são:
XUEHAI; HEGU; LIEQUE.

XUEHAI = Baço-Pâncreas (Sp10 – BP 10).

Localização: encontra-se na face interna da coxa, em uma depressão atrás da saliência que se forma correspondente ao côndilo medial inferior quando fletimos a perna.

Aplicação da digitopuntura: O paciente estará deitado ou sentado, o acupuntor usará o polegar para exercer uma pressão com força, por 4 minutos, uma vez ao dia, até a melhora da patologia.

Aplicação da acupuntura: Inserção perpendicular, 2-3 cm de profundidade.

Aplicação da moxabustão: Um tratamento a cada dois dias. Após quinze sessões suspender o tratamento por sete dias.

Utilização do ponto em outras patologias: Ponto com forte ação sobre as doenças do sangue. Incontinência urinária. Anemia. Hemorragias uterinas. Amenorréia. Dismenorréia. Varizes. Eczema Varicoso. Hemorróidas. Urticária. Acne...

HEGU = Intestino Grosso 4 (LI4 – IG4) – ponto principal.

Localização: O ponto HEGU é localizado contra a face medial do segundo osso metacárpico (indicador) ao nível de uma depressão que é ponto de origem de um pequeno ligamento.

Aplicação da digitopuntura: Sentado ou deitado, o paciente mesmo poderá usar seu polegar para pressionar o segundo metacarpo por 3-4 minutos até a melhora da patologia.

Aplicação da acupuntura: Inserção perpendicular, 1-2 cm de profundidade.

Aplicação da moxabustão: Um tratamento a cada dois dias. Após quinze sessões suspender o tratamento por sete dias.

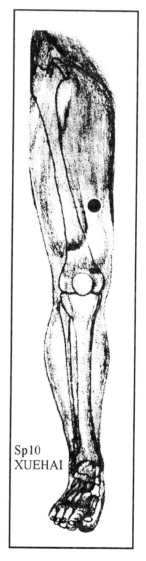

Sp10
XUEHAI

Utilização do ponto em outras patologias: Eficaz para sedar qualquer tipo de dor (aumenta as endorfinas circulantes no organismo). Melhora todas as afeções inflamatórias do distrito cefálico. Conjuntivite. Glaucoma. Cefaléia. Enxaqueca. Tosse. Diarréia. Nevralgia trigeminal. Paralisias faciais periféricas e centrais. Artrose da articulação temporomandibular. Lipotimia. Gripe epidêmica. Resfriado. Sinusite. Febre aguda e febrícula crônica. Amenorréia. Eczema. Urticária. Acne. Psoríase...

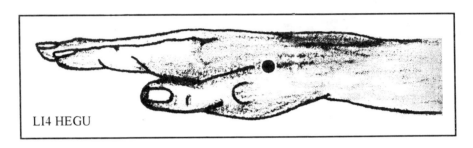

LIEQUE = Pulmões (L7 – P7).

Localização: Se encontra sobre a face interna e lateral do antebraço, sobre o processo estilóide do rádio, em uma depressão, acerca de 3 cm da dobra do punho.

Aplicação da digitopuntura: Sentado ou deitado, o paciente mesmo poderá exercer uma pressão forte, por pelo menos 3 minutos, uma vez ao dia, até a melhora da patologia.

Aplicação da acupuntura: Inserção oblíqua dirigida para o alto 1-2 cm de profundidade.

Aplicação da moxabustão: Um tratamento a cada dois dias. Após quinze sessões suspender o tratamento por sete dias.

Utilização do ponto em outras patologias: Cefaléia. Enxaqueca e qualquer dor aguda do crânio. Melhora as afeções inflamatórias em geral.

EJACULAÇÃO PRECOCE

Os pontos a serem tratados são:
Pênis; XINSHU.

Pênis = ponto fora dos meridianos – ponto principal.

Localização: O pênis não é um ponto de acupuntura, é proibido o uso de agulhas.

Aplicação da digitopuntura: Será o próprio paciente a intuir o momento e a posição para este tratamento particular.

Usará o polegar e o indicador para comprimir a ponta do pênis enquanto estiver com ereção, antes do orgasmo.

XINSHU = Bexiga (B 15).

Localização: Encontra-se situado a 3 cm lateralmente ao processo espinhoso da quinta vértebra dorsal.

Aplicação da digitopuntura: O paciente estará deitado e o acupuntor usará a unha do polegar para exercer uma pressão com força, 3-4 minutos, uma vez ao dia, até a melhora da patologia.

Aplicação da acupuntura: Inserção perpendicular, 0,5-1 cm de profundidade.

Utilização do ponto em outras patologias: Todas as afeções do coração e dos grandes vasos. Palpitações. Arritmias cardíacas. Insuficiência cardíaca. Bronquite. Ansiedade. Polução noturna. Neurastenia. Retardo da palavra nas crianças...

HEMICRÄNIA

Os pontos a serem tratados são:
LIEQUE; HEGU.

LIEQUE = Pulmões (L7 – P7).

Localização: Se encontra sobre a face interna e lateral do antebraço, sobre o processo estilóide do rádio, em uma depressão, acerca de 3 cm da dobra do punho.

Aplicação da digitopuntura: Sentado ou deitado, o paciente mesmo poderá exercer uma pressão forte por pelo menos 3 minutos, eventualmente repetir após 15 minutos se a dor persistir.

Aplicação da acupuntura: Inserção oblíqua dirigida para o alto 1-2 cm de profundidade.

Aplicação da moxabustão: Um tratamento intensivo composto por três sessões, três vezes ao dia, com intervalos de quinze minutos, até os sintomas amenizarem ou desaparecerem.

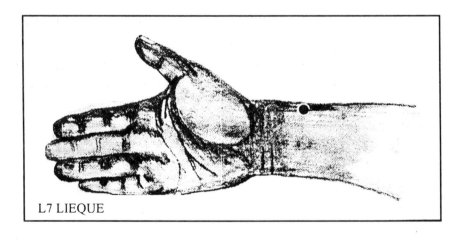

L7 LIEQUE

A terapia de manutenção consistirá de um tratamento, em dias alternados, por dois meses.

Utilização do ponto em outras patologias: Cefaléia. Enxaqueca e qualquer dor aguda do crânio. Melhora as afeções inflamatórias em geral.

HEGU = Intestino Grosso 4 (LI4 – IG4) – ponto principal.

Localização: O ponto HEGU é localizado contra a face medial do segundo osso metacárpico (indicador), ao nível de uma depressão que é ponto de origem de um pequeno ligamento.

Aplicação da digitopuntura: Sentado ou deitado, o paciente mesmo poderá usar seu polegar para pressionar o segundo metacarpo por 3-4 minutos, eventualmente repetir após 15 minutos se a dor persistir.

Aplicação da acupuntura: Inserção perpendicular, 1-2 cm de profundidade.

Aplicação da moxabustão: Um tratamento intensivo composto por três sessões, três vezes ao dia, com intervalos de quinze minutos, até os sintomas amenizarem ou desaparecerem.

A terapia de manutenção consistirá de um tratamento, em dias alternados, por dois meses.

Utilização do ponto em outras patologias: Eficaz para sedar qualquer tipo de dor (aumenta as endorfinas circulantes no organismo). Melhora todas as afeções inflamatórias do distrito cefálico. Conjuntivite. Glaucoma. Cefaléia. Enxaqueca. Tosse. Diarréia. Nevralgia trigeminal. Paralisias faciais periféricas e centrais. Artrose da articulação temporomandibular. Lipotimia. Gripe epidêmica. Resfriado. Sinusite. Febre aguda e febrícula crônica. Amenorréia. Eczema. Urticária. Acne. Psoríase...

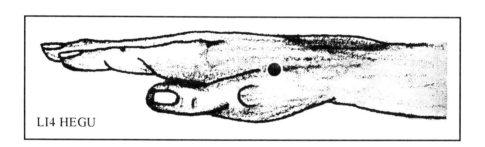

LI4 HEGU

HEMORRÓIDAS

Os pontos a serem tratados são:
BAIHUI; DADUN; SHANGQIU.

BAIHUI = Vaso Governador (GV20 – VG 20) – ponto principal.

Localização: localizado no topo da cabeça, onde a linha mediana cruza com a linha de conjunção que parte dos extremos das helixes das orelhas.

Aplicação da digitopuntura: o paciente poderá estar sentado ou deitado, o acupuntor usará o polegar para exercer uma pressão com força, por 2 minutos, uma vez ao dia, até a melhora da patologia.

Aplicação da acupuntura: Inserção horizontal dirigida para baixo, 0,5-1 cm de profundidade.

Aplicação da moxabustão: Os tratamentos serão uma vez, a cada dois dias, com moxa indireta. Após dez sessões suspender por uma semana. Retomar o tratamento se necessário.

Utilização do ponto em outras patologias: Excitação. Depressão. Balbuciar (gaguejar). Epilepsia. Esquizofrenia. Histeria. Neurastenia. Amnésia. Apoplexia...

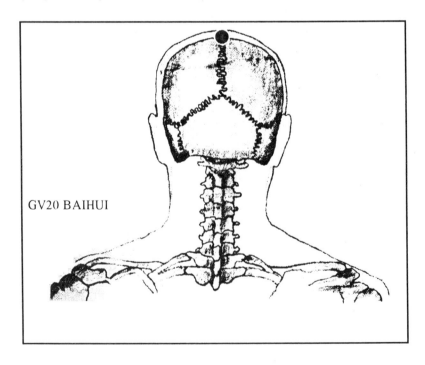

DADUN = Fígado (LIV1 – F1).

Localização: Dois milímetros atrás e lateralmente ao ângulo ungueal externo do hálux.

Aplicação da digitopuntura: O paciente poderá estar sentado ou deitado. O acupuntor ou quem por ele usará a unha do polegar para exercer uma pressão com força, por 2 minutos, uma vez ao dia, até a melhora da patologia.

Aplicação da acupuntura: Inserção oblíqua dirigida para o alto, 2-3 mm de profundidade.

Aplicação da moxabustão: Os tratamentos serão de um a cada dois dias com moxa indireta. Após dez sessões, suspender por uma semana. Recomeçar se necessário.

Utilização do ponto em outras patologias: Sonolência. Depressão. Epilepsia. Transpiração excessiva. Câimbras. Distúrbios do aparato gastro-entérico. Hérnia. Distúrbios urinários...

SHANGQIU = Baço-pâncreas (Sp5 – BP 5).

Localização: posicionado ao lado da borda ântero-inferior do maléolo medial.

Aplicação da digitopuntura: O paciente poderá estar sentado ou deitado. O acupuntor ou quem por ele usará a unha do polegar para exercer uma pressão com força, por 2 minutos, uma vez ao dia, até a melhora da patologia.

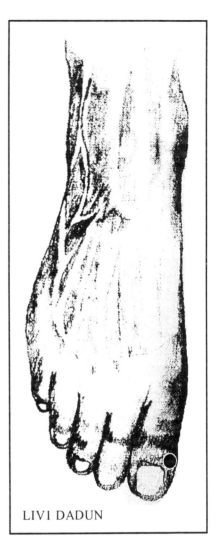

LIV1 DADUN

Aplicação da acupuntura: inserção perpendicular 1-1,5 cm de profundidade.

Aplicação da moxabustão: Os tratamentos serão de um a cada dois dias com moxa indireta. Após dez sessões, suspender por uma semana. Recomeçar se necessário.

Utilização do ponto em outras patologias: Sonolência contínua. Depressão. Neurose obsessiva. Insônia. Pesadelos. Histeria. Convulsões infantis. Gastroenterite. Hemorróidas. Diarréia. Dores ósseas profundas. Esterilidade...

ENURESE NOTURNA

Os pontos a serem tratados são:

Ponto Novo 1/Ponto extra (SIFENG) 2; SHIMEN; XINSHU.

Ponto Novo/Ponto extra (SIFENG).

Localização: No centro das pequenas dobras do dedo mínimo.

Aplicação da digitopuntura: Deitados ou sentados usaremos a unha do polegar para pressionar com força. Tentaremos primeiro sobre o ponto 1, não obtendo resultados tentar sobre os pontos 1 e 2, contemporaneamente, por 2 minutos, uma vez ao dia, até a melhora da patologia.

Aplicação da acupuntura: Inserção perpendicular, 0,5-0,8 cm de profundidade.

Utilização do Ponto em outras patologias: Distúrbios da esfera urológica. Enurese noturna. Taquicardia.......

SHIMEN = Vaso da Concepção (CV5 – VC 5).

Localização: Encontra-se a 3 CUN acima da margem superior do púbis.

Aplicação da digitopuntura: O paciente estando deitado usará a unha do polegar para exercer uma pressão com força, por 3-4 minutos, uma vez ao dia, até a melhora da patologia.

Aplicação da acupuntura: Inserção perpendicular, 2,5-3 cm de profundidade.

NT: A maioria da bibliografia publicada no Brasil localiza este ponto como a 2 CUN abaixo do umbigo.

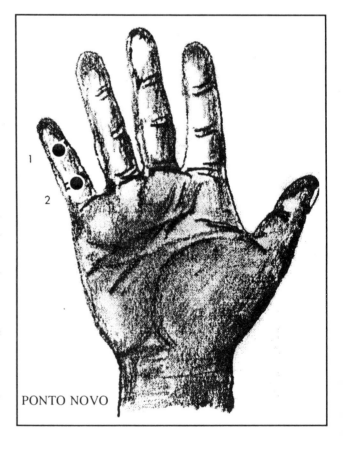
PONTO NOVO

Utilização do ponto em outras patologias: Astenia geral. Tosse. Asma. Disúria. Hematúria. Dismenorréia. Meteorismo. Espasmos abdominais...

XINSHU = Bexiga (B 15).

Localização: Encontra-se situado a 3 cm lateralmente ao processo espinhoso da quinta vértebra dorsal.

Aplicação da digitopuntura: O paciente estará deitado e o acupuntor usará a unha do polegar para exercer uma pressão com força, 3-4 minutos, uma vez ao dia, até a melhora da patologia.

Aplicação da acupuntura: Inserção perpendicular, 0,5-1 cm de profundidade.

Utilização do ponto em outras patologias. Todas as afeções do coração e dos grandes vasos. Palpitações. Arritmias cardíacas. Insuficiência cardíaca. Bronquite. Ansiedade. Polução noturna. Neurastenia. Retardo da palavra nas crianças...

FRIGIDEZ

Os pontos a serem tratados são:
SHIMEN; SANYINJIAO; GUILAI; QIHAI.

SHIMEN = Vaso da Concepção (CV5 – VC 5).

Localização: Encontra-se a 3 CUN acima da margem superior do púbis.

NT: A maioria das bibliografias publicadas no Brasil localizam este ponto como a 2 CUN abaixo do umbigo.

Aplicação da digitopuntura: O paciente estando deitado usará a unha do polegar para exercer uma pressão com força, por 3-4 minutos, uma vez ao dia, até a melhora da patologia.

Aplicação da acupuntura: Inserção perpendicular, 2,5-3 cm de profundidade.

Aplicação da moxabustão: Os tratamentos serão de uma vez, a cada dois dias, observando-se uma semana após quinze sessões.

Advertência: não cauterizar durante as menstruações.

Utilização do ponto em outras patologias: Astenia geral. Tosse. Asma. Disúria. Hematúria. Dismenorréia. Meteorismo. Espasmos abdominais...

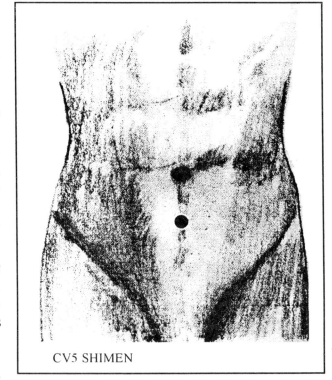

CV5 SHIMEN

SANYINJIAO = Baço/Pâncreas (Sp6 – BP 6).

Localização: Encontra-se a 3 CUN acima da ponta do maléolo medial contra a margem posterior da tíbia.

Aplicação da digitopuntura: O paciente deverá estar deitado, será o acupuntor a usar o polegar para exercer uma pressão, durante 2 minutos, uma vez ao dia, até a melhora da patologia.

Aplicação da acupuntura: Inserção perpendicular, 1-2 cm de profundidade.

Aplicação da moxabustão: Os tratamentos serão de uma vez a cada dois dias, observando-se uma semana de descanso após quinze sessões.

Advertência: não cauterizar durante as menstruações.

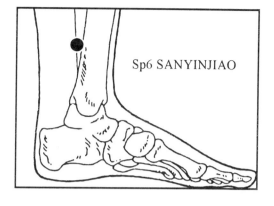

Utilização do ponto em outras patologias: Eleva os níveis soro-hormonais. Afeções gastrointestinais. Angina Pectoris. Hipertensão. Arteriosclerose. Amenorréia. Dismenorréia. Dores menstruais (cólicas). Enurese noturna. Ejaculação precoce. Impotência. Esterilidade. Espermatorréia. Orquite. Polaciúria. Cistite. Incontinência urinária. Hemiplegia. Nevrose. Ponto abortivo. Intensa ação sob grande parte das afeções vasculares...

GUILAI = Estômago (S29 – E 29).

Localização: 4 CUN abaixo do umbigo, 2 CUN ao lado do Zhongji (VC 3).

Aplicação da digitopuntura: O paciente deverá estar deitado, será o acupuntor a usar o polegar para exercer uma pressão durante 2 minutos, uma vez ao dia, até a melhora da patologia.

Aplicação da acupuntura: Inserção perpendicular, 1-2,5 cm de profundidade.

Aplicação da moxabustão: Os tratamentos serão de uma vez a cada dois dias, observando-se uma semana de descanso após quinze sessões.

Advertência: não cauterizar durante as menstruações.

Utilização do ponto em outras patologias: Vaginite. Anexite. Amenorréia. Dismenorréia. Orquite. Epidermite. Todas as inflamações crônicas da pelve. Hérnia inguinal...

QIHAI = Vaso da concepção (CV6 – VC 6).

Localização: encontra-se a 1,5 CUN abaixo do umbigo na linha média do abdômen.

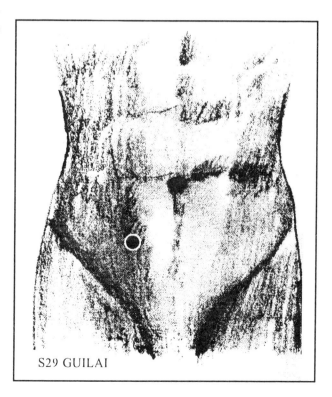

Aplicação da digitopuntura: O paciente deverá estar deitado, será o acupuntor a usar o polegar para exercer uma pressão durante 2 minutos, uma vez ao dia, até a melhora da patologia.

Aplicação da acupuntura: Inserção perpendicular, 2-3 cm de profundidade.

Aplicação da moxabustão: Os tratamentos serão de uma vez a cada dois dias, observando-se uma semana de descanso após quinze sessões.

Advertência: não cauterizar durante as menstruações.

Utilização do ponto em outras patologias: Neurastenia. Insônia. Falta de apetite. Constipação. Hemorróidas. Polução noturna...

GOTA

Os pontos a serem tratados são:
XINGJIAN; TAICHONG; DADU.

XINGJIAN = Fígado (LIV2 – F 2).

Localização: No espaço interdigital entre o 1º e 2º dedo do pé, na altura da articulação metatarso-falangiana.

Aplicação da digitopuntura: sentado ou deitado, o paciente mesmo poderá usar o polegar para exercer uma pressão com força, por 2 minutos, uma vez ao dia, até a melhora da patologia.

Aplicação da acupuntura: Inserção oblíqua, 0,5-1 cm de profundidade.

Aplicação da moxabustão: o tratamento consistirá em uma sessão por dia, durante dez dias, após os quais suspender durante uma semana. Repetir até o completo desaparecimento dos sintomas.

Utilização do ponto em outras patologias: Depressão. Epilepsia. Cefaléia digestiva. Hemicrânia. Câibras. Espasmofilia. Raiva e irritabilidade.

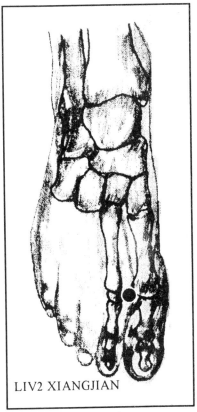

LIV2 XIANGJIAN

TAICHONG = Fígado (LIV3 – F3)

Localização: Este ponto se encontra entre o hálux e o segundo dedo, à frente de sua articulação.

Aplicação da digitopuntura: o paciente pode estar deitado ou sentado. Aquele que aplicar a digitopuntura, usará a unha do polegar e pressionará com força durante 2 minutos, uma vez ao dia, até o melhoramento da patologia.

Aplicação da acupuntura: Inserção oblíqua dirigida para o alto 1-2,5 cm de profundidade.

Aplicação da moxabustão: o tratamento consistirá em uma sessão por dia, durante dez dias, após os quais suspender durante uma semana. Repetir até o completo desaparecimento dos sintomas.

Utilização do ponto em outras patologias: Cefaléia. Epilepsia. Afeções oculares. Acúfenos. Hipertensão. Afeções da área ginecológica. Alergias. Eczemas. Urticária...

DADU = Baço/Pâncreas (Sp2 – BP 2).

Localização: Encontra-se sobre a face medial do hálux anteriormente à articulação metarsofalangiana.

Aplicação da digitopuntura: O paciente poderá estar deitado ou sentado, a digitopuntura será aplicada com o polegar pressionando com força, por 2 minutos, uma vez ao dia, até a melhora da patologia.

Aplicação da acupuntura: Inserção perpendicular, 1-1,5 cm de profundidade.

Aplicação da moxabustão: o tratamento consistirá em uma sessão por dia, durante dez dias, após os quais suspender durante uma semana. Repetir até o completo desaparecimento dos sintomas.

Utilização do ponto em outras patologias: Controla o crescimento e o desen-volvimento psicofísico nas crianças. Nanismo. Artrose...

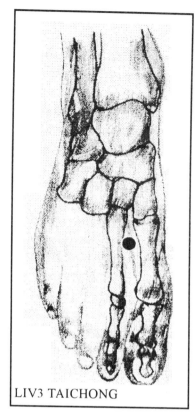

LIV3 TAICHONG

HERPES LABIAL

Os pontos a serem tratados são:
A erupção local, DICANG; TAICHONG.

DICANG = Estômago (S4 – E 4) – ponto principal.

Localização: Encontra-se a 0,4 cm lateralmente ao canto da boca.

Aplicação da digitopuntura: o paciente pode estar deitado ou sentado. O acupuntor usará a unha do polegar para praticar uma pressão leve, durante 2 minutos, uma vez ao dia, até o melhoramento da patologia.

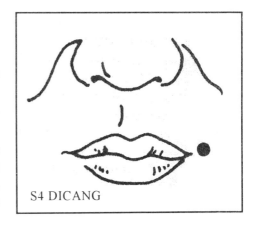

S4 DICANG

Aplicação da acupuntura: Inserção oblíqua dirigida para o alto 1-2,5 cm de profundidade.

Aplicação da moxabustão: Um tratamento ao dia até o desaparecimento dos sintomas da erupção. Aquecer os pontos ao lado do herpes.

Utilização do ponto em outras patologias: Paralisia facial. Paralisia do orbicular da boca. Conjuntivite. Fraqueza da visão. Herpes simplex. Odontalgia...

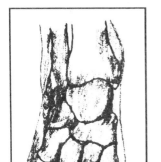

LI3 TAICHONG

TAICHONG = Fígado (LIV3 – F3).

Localização: Este ponto se encontra entre o hálux e o segundo dedo, à frente de sua articulação.

Aplicação da digitopuntura: o paciente pode estar deitado ou sentado. Aquele que aplicar a digitopuntura, usará a unha do polegar e pressionará com força durante 2 minutos, uma vez ao dia, até o melhoramento da patologia.

Aplicação da acupuntura: Inserção oblíqua dirigida para o alto 1-2,5 cm de profundidade.

Aplicação da moxabustão: Um tratamento ao dia até o desaparecimento dos sintomas da erupção. Aquecer os pontos ao lado do herpes.

Utilização do ponto em outras patologias: Cefaléia. Epilepsia. Afeções oculares. Acúfenos. Hipertensão. Afeções da área ginecológica. Alergias. Eczemas. Urticária...

HERPES ZOSTER

Os pontos a serem tratados são:

A região dolorosa, ZHIGOU; YANGLINGQUAN; DICANG.

ZHIGOU = Triplo Aquecedor (TE6 – TA 6).

Localização: Na face posterior do antebraço, 3 CUN acima da dobra do punho, entre a ulna e o rádio.

Aplicação da digitopuntura: Ficando deitados ou sentados usar o polegar e pressionar para baixo, por dois minutos, uma vez ao dia, até a melhora da patologia.

Aplicação da acupuntura: Inserção perpendicular, 1-2 cm de profundidade.

Aplicação da moxabustão: Os tratamentos serão dois ao dia na fase aguda, um a cada dois dias, para tratar das conseqüências.

Utilização do ponto em outras patologias: Tremor de origem psíquica. Esclerose múltipla. Prurido. Eczema. Constipação. Dor do ombro e do dorso. Dores cardíacas. Anestesia...

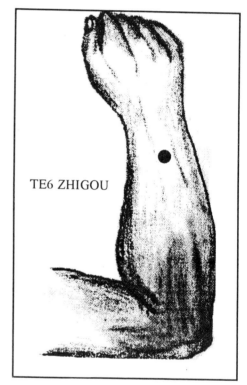

YANLINGQUAN = Vesícula Biliar (G34 – VB 34).

Localização: Na face externa da perna, em uma depressão abaixo e na frente do perônio (fíbula).

Aplicação da digitopuntura: O paciente poderá estar sentado ou deitado, o acupuntor usará o polegar para exercer uma pressão com força, por 2 minutos, uma vez ao dia, até a melhora da patologia.

Aplicação da moxabustão: Os tratamentos serão dois ao dia na fase aguda, um a cada dois dias para tratar das conseqüências.

Aplicação da acupuntura: Inserção perpendicular, 2-3 cm de profundidade.

Utilização do ponto em outras patologias: Afeções musculares. Aumenta globalmente a força muscular no todo. Artrose do joelho. Constipação obstinada. Ansiedade. Diarréia...

DICANG = Estômago (S4 – E 4) – ponto principal.

Localização: Encontra-se a 0,4 cm lateralmente ao canto da boca.

Aplicação da digitopuntura: o paciente pode estar deitado ou sentado. O acupuntor usará a unha do polegar para exercer uma pressão com força, durante 3 minutos, uma vez ao dia, até o melhoramento da patologia.

Aplicação da acupuntura: Inserção oblíqua dirigida para o alto 1-2,5 cm de profundidade.

Aplicação da moxabustão: Os tratamentos serão dois ao dia na fase aguda, um a cada dois dias para tratar das conseqüências.

Utilização do ponto em outras patologias: Paralisia facial. Paralisia do orbicular da boca. Conjuntivite. Fraqueza da visão. Herpes simplex. Aumento da secreção salivar. Odontalgia...

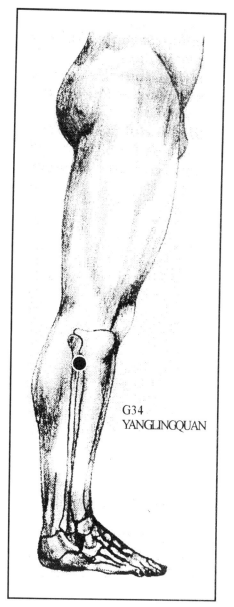

G34 YANGLINGQUAN

IMPOTÊNCIA – AUSÊNCIA DE EREÇÃO

Os pontos a serem tratados são:
GUANYUAN; SANYINJIAO; ZUSANLI; SHEN SHU.

GUANYUAN = Vaso da Concepção (CV4 – VC 4).

Localização: Encontra-se a 2 CUN acima da margem superior do púbis.

Aplicação da digitopuntura: preferencialmente deitado, a paciente mesmo poderá usar o polegar ou a palma da mão para massagear com força, por pelo menos 4 minutos, uma vez ao dia, até a melhora da patologia.

Aplicação da acupuntura: Inserção perpendicular 2-3 cm de profundidade.

Aplicação da moxabustão: O tratamento será diário, durante 2 semanas, com moxa direta.

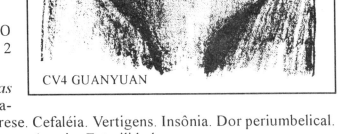
CV4 GUANYUAN

Utilização do ponto em outras patologias: Dismenorréia. Espermatorréia. Impotência. Diarréia. Enurese. Cefaléia. Vertigens. Insônia. Dor periumbelical. Polução noturna. Ejaculação precoce. Anuria. Esterilidade.

SANYINJIAO = Baço-Pâncreas (Sp6 – BP 6).

Localização: Encontra-se a 3 CUN acima da ponta do maléolo medial contra a margem posterior da tíbia.

Aplicação da digitopuntura: O paciente deverá estar deitado, será o acupuntor a usar o polegar para exercer uma pressão durante 2 minutos, uma vez ao dia, até a melhora da patologia.

Aplicação da acupuntura: Inserção perpendicular, 1-2 cm de profundidade.

Utilização do ponto em outras patologias: Eleva os níveis soro-hormonais. Afeções gastrointestinais. Angina Pectoris. Hipertensão. Arteriosclerose. Amenorréia. Disme-

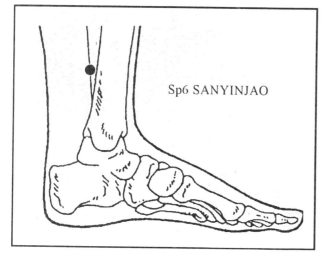

Sp6 SANYINJAO

norréia. Dores menstruais (cólicas). Enurese noturna. Ejaculação precoce. Impotência. Esterilidade. Espermatorréia. Orquite. Polaciúria. Cistite. Incontinência urinária. Hemiplegia. Nevrose. Ponto abortivo. Intensa ação sob grande parte das afeções vasculares...

ZUSANLI = Estômago (S36 – E36) – ponto principal.

Localização: O ponto Zusanli está localizado na crista tibial, abaixo do plateu, 3 CUN abaixo do ápice da rótula.

Aplicação da digitopuntura: é aconselhável ao paciente estar deitado ou sentado, o acupuntor usará o polegar para pressionar e depois massagear rotando o dedo, em sentido horário, por 2 minutos, uma vez ao dia, até a melhora da patologia.

Aplicação da acupuntura: Inserção perpendicular, 2-3 cm de profundidade.

Aplicação da moxabustão: O tratamento será diário, durante 2 semanas, com moxa direta.

Utilização do ponto em outras patologias: Gastrite e gastralgia. Úlcera gastroduodenal. Diarréia. Apendicopatias. Colite funcional. Cefaléias. Enxaquecas. Hipo e hipertensão. Tremor. Intoxicação alimentar. Depressão e distúrbios neuróticos...

SHEN SHU = Bexiga (B 23).

Localização: Encontra-se entre as apófises espinhais transversas entre a 2ª e 3ª vértebra lombar.

Aplicação da digitopuntura: O acupuntor usará o polegar para exercer uma pressão com força, em direção à espinha dorsal, por 2 minutos, uma vez ao dia, até a melhora da patologia.

Aplicação da acupuntura: Inserção perpendicular 2-3 cm de profundidade.

Aplicação da moxabustão: O tratamento será diário durante 2 semanas com moxa direta.

Utilização do ponto em outras patologias: Diabete. Nefrite. Uretrite. Cistite. Prostatite. Enurese noturna. Ejaculação precoce. Polução noturna. Leucorréia. Dismenorréia. Esterilidade. Diarréia crônica. Lombalgia. Acúfenos. Hipoacúsia...

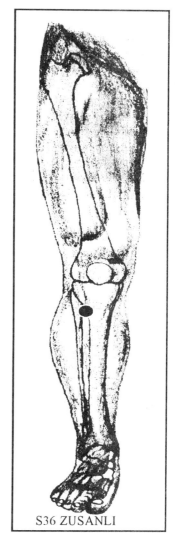

S36 ZUSANLI

INCONTINÊNCIA URINÁRIA

Os pontos a serem tratados são:
ZHONGJI; ZHIYIN; SHIMEN.

ZHONGJI = Vaso da concepção (CV3 – VC 3).

Localização: encontra-se a cerca de 8 cm abaixo do umbigo, ao longo da linha mediana da superfície abdominal.

Aplicação da digitopuntura: O paciente deverá estar deitado; com o polegar ou a palma da mão exercer uma pressão com força, por 2 minutos, uma vez ao dia, até a melhora da patologia.

Aplicação da acupuntura: inserção perpendicular 2,5-3 cm de profundidade.

Aplicação da moxabustão: O paciente terá de suportar um tratamento diário ou em dias alternados. Após quinze sessões observar uma semana de descanso. Em seguida retomar o tratamento se necessário.

Utilização do ponto em outras patologias: Astenia. Exaustão nervosa. Polaciúria. Esterilidade masculina. Uretrite. Prostatite. Leucorréia. Dismenorréia. Meno e metrorragia. Retenção urinária. Cistite. Distúrbios da esfera sexual...

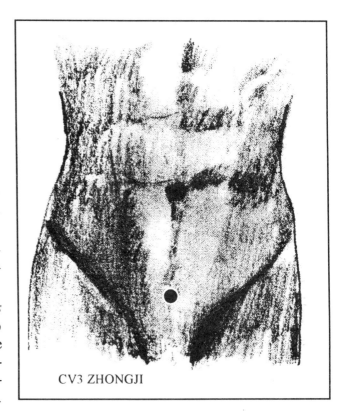

CV3 ZHONGJI

ZHIYIN = Bexiga (B 67).

Localização: Ponto localizado sobre o ângulo ungueal lateral do 5º dedo do pé.

Aplicação da digitopuntura: O paciente estando deitado, o acupuntor usará seu polegar para exercer uma pressão com força, durante dois minutos, uma vez ao dia, até a melhora da patologia.

Aplicação da acupuntura: Inserção oblíqua dirigida para o alto, 2-3 mm de profundidade.

Aplicação da moxabustão: O paciente terá de suportar um tratamento diário ou em dias alternados. Após quinze sessões observar uma semana de descanso. Após esta retomar o tratamento se necessário.

Utilização do ponto em outras patologias: A punctura profunda neste ponto alivia as dores de qualquer natureza e região do corpo. Dismenorréia. Amenorréia. Correção do mal posicionamento fetal, em particular quando à apresentação podalica, que é tratada com moxabustão.

SHIMEN = Vaso da Concepção (CV5 – VC 5).

Localização: Encontra-se 3 CUN acima da margem superior do púbis.

Aplicação da digitopuntura: o paciente estando deitado usará a unha do polegar para pressionar com força, durante 3-4 minutos, uma vez ao dia, até a melhora da patologia.

Aplicação da acupuntura: Inserção perpendicular, 2,5-3 cm de profundidade.

Aplicação da moxabustão: O paciente terá de suportar um tratamento diário ou em dias alternados. Após quinze sessões observar uma semana de descanso. Após esta, retomar o tratamento se necessário.

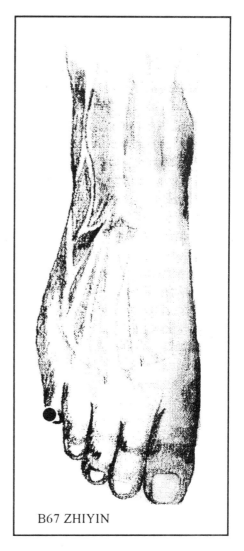

B67 ZHIYIN

Utilização do ponto em outras patologias: Astenia geral. Tosse. Asma. Disúria. Hematúria. Dismenorréia. Meteorismo. Espasmos abdominais...

INSOLAÇÃO

RENZHONG; YONG QUAN.

RENZHONG = Vaso Governador (GV26 – VG 26).

Localização: Encontra-se no lábio superior, abaixo do nariz.

Aplicação da digitopuntura: O paciente poderá estar sentado ou deitado. O acupuntor ou quem por ele usará a unha do polegar para pressionar com força, por dois minutos, uma vez ao dia, até a melhora da patologia.

Aplicação da acupuntura: Inserção oblíqua dirigida para o alto, 0,8-1 cm de profundidade.

Utilização do ponto em outras patologias: Ponto preferencial em uma emergência. Choque. Golpe de calor. Perda da consciência. Apoplexia. Enfarte cardíaco. Inflamações do nariz e da face. Epilepsia. Trismo. Diabete. Hiperglicemia. Dores de toda a coluna vertebral. Torcicolo agudo. Paralisia facial. Gengivite. Dores dentárias sobretudo dos incisivos e caninos superiores. Hipertermia...

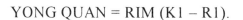

GV26 RENZHONG

YONG QUAN = RIM (K1 – R1).

Localização: Encontra-se na depressão que aparece na planta do pé, entre o segundo e o terceiro dedo, no nível da articulação metatarsofalangiana.

Aplicação da digitopuntura: O acupuntor usará o polegar para exercer uma pressão com força, por 3 minutos, uma vez ao dia, até a melhora da patologia.

Aplicação da acupuntura: Inserção perpendicular, 1 cm de profundidade.

Utilização do ponto em outras patologias: Palpitações. Esterilidade feminina. Laringite. Faringite. Choque. Cefaléia. Climatérico. Asma...

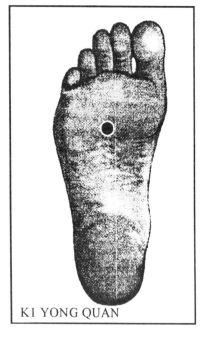

K1 YONG QUAN

INSÔNIA

Os pontos a serem tratados são:
LIDUI; SHIMIAN; TONGLI; HEGU; ZUSANLI.

LIDUI = Estômago (S45 – E 45).

Localização: Dois milímetros atrás e lateralmente ao ângulo ungueal externo do segundo dedo do pé.

Aplicação da digitopuntura: O paciente poderá estar sentado ou deitado e usar o dedo polegar para exercer uma pressão com força, por 2 minutos, uma vez ao dia, até a melhora da patologia.

Aplicação da acupuntura: inserção oblíqua dirigida para o alto, 2 mm de profundidade.

Aplicação da moxabustão: neste tipo de patologia o tratamento será noturno, isto é, aplicando-se um tratamento toda noite, antes de deitar, até a melhora da patologia, depois em noites alternadas, durante um mês.

Utilização do ponto em outras patologias: Insônia. Epilepsia. Afeções febris crônicas. Gastrite. Epistaxe. Oclusão nasal. Indigestão. Alucinações...

SHIMIAN = Ponto Novo fora dos meridianos.

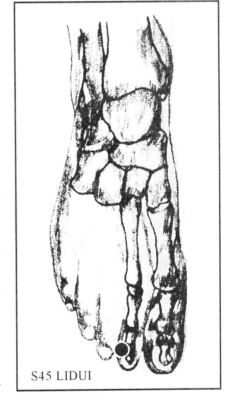

S45 LIDUI

Localização: No centro da superfície plantar do calcâneo.

Aplicação da digitopuntura: O paciente poderá estar sentado ou deitado, com o polegar aplicar uma forte pressão no local.

Aplicação da acupuntura: Inserção perpendicular, 1-2 cm de profundidade.

Aplicação da moxabustão: neste tipo de patologia o tratamento será noturno, isto é, aplicando-se um tratamento toda noite, antes de deitar, até a melhora da patologia, depois em noites alternadas, durante um mês.

Utilização do ponto em outras patologias: Afeções dolorosas do pé. Dor no calcâneo ao caminhar. Lombalgia. Ciatalgia...

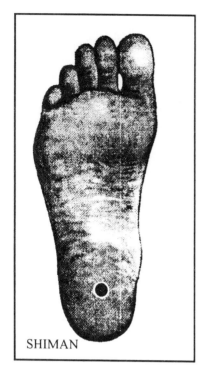

SHIMAN

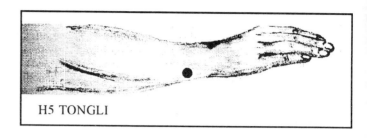

H5 TONGLI

TONGLI = Coração (H5 – C 5).

Localização: Encontra-se sobre a face ulnar medialmente ao tendão do músculo flexor do carpo.

Aplicação da digitopuntura: O paciente em qualquer posição poderá usar a unha do polegar para exercer uma pressão com força, por 2 minutos, uma vez ao dia, até a melhora da patologia.

Aplicação da acupuntura: Inserção perpendicular, 1 – 1,5 cm de profundidade.

Aplicação da moxabustão: neste tipo de patologia o tratamento será noturno, isto é, aplicando-se um tratamento toda noite, antes de deitar, até a melhora da patologia, depois, em noites alternadas, durante um mês.

Utilização do ponto em outras patologias: Tremores. Agitação psicofísica. Congestão cerebral. Cefaléia. Vertigens. Dores e congestão ocular. Ansiedade. Depressão...

HEGU = Intestino Grosso 4 (LI4 – IG4) – ponto principal.

Localização: O ponto HEGU é localizado contra a face medial do segundo osso metacárpico (indicador), ao nível de uma depressão que é ponto de origem de um pequeno ligamento.

Aplicação da digitopuntura: Sentado ou deitado, o paciente mesmo poderá usar seu polegar para pressionar o segundo metacarpo por 3-4 minutos, eventualmente repetir após 15 minutos se a dor persistir.

Aplicação da acupuntura: Inserção perpendicular, 1-2 cm de profundidade.

Aplicação da moxabustão: neste tipo de patologia o tratamento será noturno, isto é, aplicando-se um tratamento toda noite, antes de deitar, até a melhora da patologia, depois em noites alternadas, durante um mês.

Utilização do ponto em outras patologias: Eficaz para sedar qualquer tipo de dor (aumenta as endorfinas circulantes no organismo). Melhora todas as afeções inflamatórias do distrito cefálico. Conjuntivite. Glaucoma. Cefaléia. Enxaqueca. Tosse. Diarréia. Nevralgia trigeminal. Paralisias faciais periféricas e centrais. Artrose da articulação temporomandibular. Lipotimia. Gripe epidêmica. Resfriado. Sinusite. Febre aguda e febrícula crônica. Amenorréia. Eczema. Urticária. Acne. Psoríase...

ZUSANLI = Estômago (S36 – E36) – ponto principal.

Localização: O ponto Zusanli está localizado na crista tibial, abaixo do plateu, 3 CUN abaixo do ápice da rótula.

Aplicação da digitopuntura: é aconselhável ao paciente estar deitado ou sentado, o acupuntor usará o polegar para pressionar e depois massagear rotando o dedo, em sentido horário, por 2 minutos, uma vez ao dia, até a melhora da patologia.

Aplicação da acupuntura: Inserção perpendicular, 2-3 cm de profundidade.

Aplicação da moxabustão: neste tipo de patologia o tratamento será noturno, isto é, aplicando-se um tratamento toda noite, antes de deitar, até a melhora da patologia, depois, em noites alternadas, durante um mês.

Utilização do ponto em outras patologias: Gastrite e gastralgia. Úlcera gastroduodenal. Diarréia. Apendicopatias. Colite funcional. Cefaléias. Enxaquecas. Hipo e hipertensão. Tremor. Intoxicação alimentar. Depressão e distúrbios neuróticos...

INSUFICIÊNCIA HEPÁTICA

Os pontos a serem tratados são:
QIMEN; ZHONGDU; ZHANGMEN.

QIMEN = Fígado (LIV14 – F14).

Localização: Sobre a face anterior do tórax, na linha mamilar, sobre a borda superior da sexta costela.

Aplicação da digitopuntura: O paciente poderá estar sentado ou deitado, usar-se o polegar para exercer uma pressão com força, por 2 minutos, uma vez ao dia, até a melhora da patologia.

Aplicação da acupuntura: Inserção oblíqua, 0,5-1 cm de profundidade.

Aplicação da moxabustão: Dois tratamentos diário, na crise aguda. Após quinze sessões observar uma semana de descanso. Após esta, retomar o tratamento se necessário.

Utilização do ponto em outras patologias: Todas as afeções agudas e emergenciais da esfera hepatobiliar. Cólicas abdominais. Espasmos digestivos...

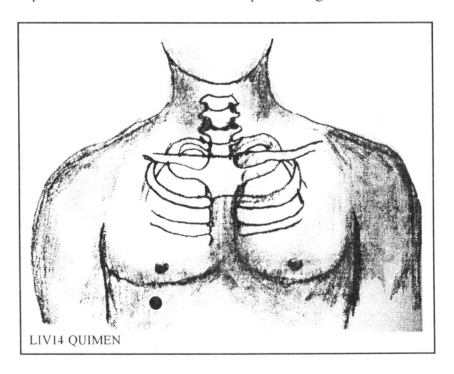

LIV14 QUIMEN

ZHONGDU = Fígado (LIV6 – F6) – ponto principal.

Localização: Encontra-se a 7 distâncias sobre o ponto mais proeminente do maléolo interno, contra a margem posterior da tíbia.

Aplicação da digitopuntura: O paciente poderá estar sentado ou deitado, usará o dedo polegar para exercer uma pressão, por 2 minutos, uma vez ao dia, até a melhora da patologia.

Aplicação da acupuntura: Inserção oblíqua, 2-3 cm de profundidade.

Aplicação da moxabustão: Os tratamentos serão de 2 ao dia nas crises agudas. Após 15 tratamentos, suspender por 7 dias. Repetir quando necessário.

Utilização do ponto em outras patologias: Todas as afeções agudas e urgentes desta esfera hepatobiliar. Cólicas abdominais, Espasmos digestivos.

ZHANGMEN = Fígado (LIV13 – F13).

Localização: Encontra-se na extremidade livre da 11a costela.

Aplicação da digitopuntura: O paciente poderá estar sentado ou deitado, usar o polegar para exercer uma pressão com força, por 2 minutos, uma vez ao dia, até a melhora da patologia.

Aplicação da acupuntura: Inserção oblíqua, 2-3 cm de profundidade.

Aplicação da moxabustão: Dois tratamentos diários, na crise aguda. Após quinze sessões observar uma semana de descanso. Após esta, retomar o tratamento se necessário.

Utilização do ponto em outras patologias: Emagrecimento. Esplenomegalia. Hepatomegalia. Vômito. Anorexia. Afeções crônicas do abdômen. Urina de aspecto leitoso e turvo...

HIPERTENSÃO

Os pontos a serem tratados são:

RENYING; Ponto Novo; Ponto Auricular; TONGLI; DALING.

RENYING = Estômago (S9 – E9).

Localização: Está localizado na borda anterior do músculo esternocleidomastóideo, atrás do escudo formado pela cartilagem tiróide.

Aplicação da digitopuntura: Este tratamento deverá ser executado com a máxima atenção; quem o fizer, deverá apertar e abrir seus dedos prestando bastante atenção em não apertar com força excessiva para não causar nenhum dano (sufocamento etc.), por 2 minutos, uma vez ao dia, até a melhora da patologia.

Aplicação da acupuntura: Inserção perpendicular 0,5-1 cm de profundidade.

Aplicação da moxabustão: Um tratamento ao dia, com moxa indireta, durante 10 dias.

Utilização do ponto em outras patologias: Afasia. Hipertireoidismo. Dispnéia. Faringite. Laringite...

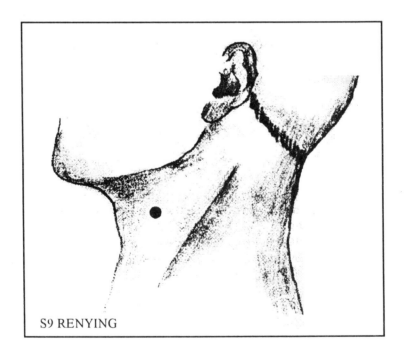

Ponto Novo fora dos meridianos.

Localização: A cerca de 5 cm ao lado e na extremidade inferior da 6ª vértebra cervical, encontraremos este ponto.

Aplicação da digitopuntura: O paciente poderá sentar-se ou deitar-se de lado. Será o acupuntor então a usar seu polegar para pressionar e massagear o ponto, por 2 minutos, uma vez ao dia, até a melhora da patologia.

Ponto Auricular = Ponto Novo

Localização: O sulco atrás da orelha é o ponto auricular.

Aplicação da digitopuntura: O acupuntor usará a unha do dedo para exercer uma pressão para baixo e com força, por 2-4 minutos, uma vez ao dia, até a melhora da patologia. O paciente poderá ficar em qualquer posição.

Aplicação da acupuntura: Inserção perpendicular, 0,2-0,5 cm de profundidade.

TONGLI = Coração (H5 – C5).

Localização: Encontra-se sobre a face ulnar medialmente ao tendão do músculo flexor do carpo.

Aplicação da digitopuntura: O paciente em qualquer posição poderá usar a unha do polegar para exercer uma pressão com força, por 2 minutos, uma vez ao dia, até a melhora da patologia.

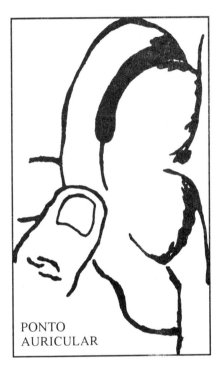

PONTO AURICULAR

Aplicação da acupuntura: Inserção perpendicular, 1 – 1,5 cm de profundidade.

Aplicação da moxabustão: Tratar uma vez ao dia com moxa indireta, durante 10 dias.

Utilização do ponto em outras patologias: Tremores, Agitação psicofísica. Congestão cerebral. Cefaléia. Vertigens. Dores e congestão ocular. Ansiedade. Depressão...

DALING = Circulação/Sexualidade (P7 – CS 7).

Localização: Encontra-se sobre a metade da dobra anterior do pulso, entre os tendões dos músculos palmares breve e longo.

Aplicação da digitopuntura: O paciente em qualquer posição poderá usar a unha do polegar para exercer uma pressão com força, por 2 minutos, uma vez ao dia, até a melhora da patologia.

Aplicação da acupuntura: Inserção perpendicular, 0,5 – 1 cm de profundidade.

Aplicação da moxabustão: Tratar uma vez ao dia com moxa indireta, durante 10 dias.

Utilização do ponto em outras patologias: Cefaléia. Epilepsia. Depressão. Ansiedade. Hiperexcitabilidade. Insônia. Acúfenos. Inflamações dos olhos...

HIPOTENSÃO ARTERIAL

Os pontos a serem tratados são:
SHAOCHONG; GUANYAN; FULIU; RENZHONG.

SHAOCHONG = Coração (H9 – C 9).

Localização: Localiza-se no ângulo ungueal medial do 5º dedo da mão (mínimo).

Aplicação da digitopuntura: O paciente poderá estar sentado ou deitado, usar-se o polegar para exercer uma pressão com força, por 2 minutos, uma vez ao dia, até a melhora da patologia.

Aplicação da acupuntura: Inserção oblíqua, dirigida para cima, 2 mm de profundidade.

Aplicação da moxabustão: Um tratamento por dia, durante duas semanas. Espaçar as sessões ou suspendê-las à medida que a pressão arterial volte ao normal.

Utilização do ponto em outras patologias: Depressão. Amnésia. Inquietação. Extra-sístole. Palpitações. Enfarte cardíaco. Dor torácica. Algia da face interna do braço. Leucorréia. Prurido vulvar. Bradicardia...

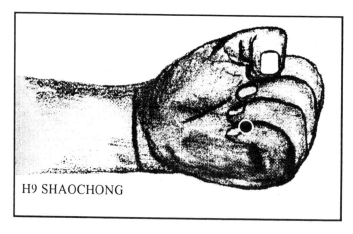

H9 SHAOCHONG

GUANYUAN = Vaso da Concepção (CV4 – VC 4).

Localização: Encontra-se a 2 CUN acima da margem superior do púbis.

Aplicação da digitopuntura: preferencialmente deitado, a paciente mesmo poderá usar o polegar ou a palma da mão para massagear com força, por pelo menos 4 minutos, uma vez ao dia, até a melhora da patologia.

Aplicação da acupuntura: Inserção perpendicular 2-3 cm de profundidade.

Aplicação da moxabustão: Um tratamento por dia durante duas semanas. Espaçar as sessões ou suspendê-las na medida que a pressão arterial volte ao normal.

Utilização do ponto em outras patologias: Dismenorréia. Espermatorréia. Impotência. Diarréia. Enurese. Cefaléia. Vertigens. Insônia. Dor periumbelical. Polução noturna. Ejaculação precoce. Anuria. Esterilidade. Mal posicionamento uterino. Esterilidade. Meno e metrorragia.

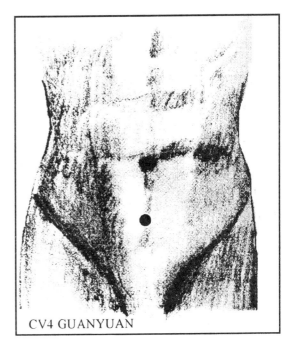

CV4 GUANYUAN

FULIU = Rim (K7 – R 7).

Localização: Localiza-se a 2 CUN acima do ponto Taixi (R3), na borda anterior do tendão de Aquiles.

Aplicação da digitopuntura: Preferencialmente deitado, o paciente mesmo poderá usar o polegar ou a palma da mão para massagear com força, por pelo menos 4 minutos, uma vez ao dia, até a melhora da patologia.

Aplicação da acupuntura: Inserção perpendicular, 1-2,5 cm de profundidade.

Aplicação da moxabustão: Um tratamento por dia durante duas semanas. Espaçar as sessões ou suspendê-las na medida que a pressão arterial volte ao normal.

Utilização do ponto em outras patologias: Ação sobre as glândulas supra-renais. Fraqueza. Tremores. Depressão. Faringite. Amigdalite. Hemorróidas. Trombose de veia do membro inferior. Disfunções biliares. Hipotensão. Leucorréia. Orquite...

RENZHONG = Vaso Governador (GV26 – VG 26).

Localização: Encontra-se no lábio superior, abaixo do nariz.

Aplicação da digitopuntura: O paciente poderá estar sentado ou deitado. O acupuntor ou quem por ele, usará a unha do polegar para pressionar com força, por 2 minutos, uma vez ao dia, até a melhora da patologia.

Aplicação da acupuntura: Inserção oblíqua dirigida para o alto, 0,8 - 1 cm de profundidade.

Aplicação da moxabustão: Um tratamento por dia, durante duas semanas. Espaçar as sessões ou suspendê-las à medida que a pressão arterial volte ao normal.

Utilização do ponto em outras patologias: Ponto preferencial em uma emergência. Choque. Golpe de calor. Perda da consciência. Apoplexia. Enfarte cardíaco. Inflamações do nariz e da face. Epilepsia. Enfarte cardíaco. Diabete. Hiperglicemia. Dores de toda a coluna vertebral. Torcicolo agudo. Paralisia facial. Gengivite. Dores dentárias sobretudo dos incisivos e caninos superiores. Hipertermia...

HISTERIA

Ponto Novo fora dos meridianos.

Localização: Este novo ponto encontra-se no centro da dobra abaixo do dedo polegar.

Aplicação da digitopuntura: em qualquer posição, usar a unha do polegar para exercer uma pressão com força até o desaparecimento dos sintomas.

Aplicação da moxabustão: os tratamentos serão consecutivos, com moxa indireta, até a melhora dos sintomas.

Aplicação da acupuntura: Inserção perpendicular, 0,3-0,8 cm de profundidade.

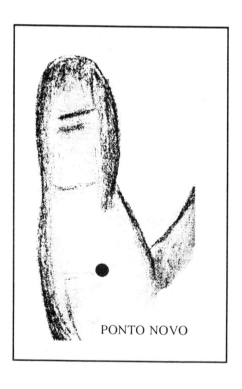

LACTAÇÃO INSUFICIENTE

Os pontos a serem tratados são:
SHANZHONG; RUGEN.

SHANZHONG = Vaso da Concepção (CV17 – VC 17).

Localização: Encontra-se localizado no ponto de encontro entre a linha mediana anterior e a linha intermamilar, no nível do 4º espaço intercostal.

Aplicação da digitopuntura: O paciente poderá estar sentado ou deitado. O acupuntor ou quem por ele, usará a unha do polegar para pressionar com força, por 2 minutos, uma vez ao dia, até a melhora da patologia.

Aplicação da acupuntura: Inserção horizontal, 1-2,5 cm de profundidade.

Aplicação da moxabustão: Um ou dois tratamentos diários, até a obtenção de uma quantidade suficiente de leite, cuidando para não aquecer o ponto em demasia, ficando muito próximo. A duração das sessões varia de cinco a quinze minutos.

Utilização do ponto em outras patologias: Ponto de reunião com os meridianos do Intestino Delgado e Baço-Pâncreas. Afeções broncopulmonares. Tosse. Asma. Dispnéia. Dor cardíaca. Vômito. Espasmos esofágicos. Soluço. Mastite...

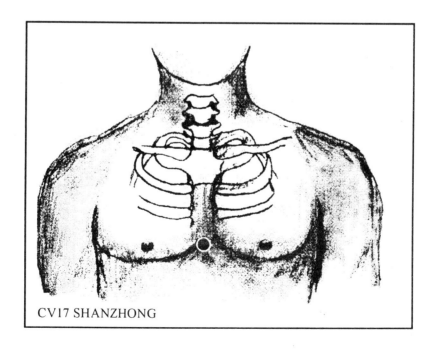

CV17 SHANZHONG

RUGEN = Estômago (S18 – E 18).

Localização: Encontra-se no 5º espaço intercostal, sobre a linha mamilar.

Aplicação da digitopuntura: O paciente poderá estar sentado ou deitado. O acupuntor ou quem por ele, usará a unha do polegar para pressionar com força, por 2 minutos, uma vez ao dia, até a melhora da patologia.

Aplicação da acupuntura: Inserção horizontal, 1-2 cm de profundidade.

Aplicação da moxabustão: Um ou dois tratamentos diários, até a obtenção de uma quantidade suficiente de leite, cuidando para não aquecer o ponto em demasia, ficando muito próximo. A duração das sessões varia de cinco a quinze minutos.

Utilização do ponto em outras patologias: Inflamação da garganta. Angina pectoris. Tuberculose. Hemoptise. Tosse. Dispnéia. Náusea. Vômito. Diarréia. Mastite e mastopatias. Ausência de secreção láctea pós-parto. Dores intercostais...

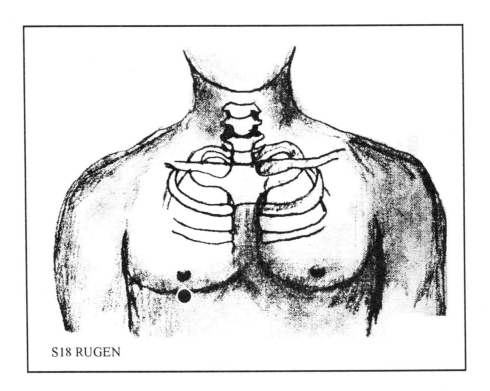

S18 RUGEN

LOMBALGIA-CIATALGIA

Os pontos a serem tratados são:

GONGSUN; KUNLUN; DAZHONG; SHEN SHU; HEGU; e as diversas regiões dolorosas.

GONGSUN = Baço-Pâncreas (Sp4 – BP 4).

Localização: Encontra-se na face interna do pé, abaixo da articulação do primeiro osso metatarsiano e o primeiro cuneiforme.

Aplicação da digitopuntura: O paciente poderá estar sentado ou deitado. O acupuntor ou quem por ele, usará a unha do polegar para pressionar com força, por 2 minutos, uma vez ao dia, até a melhora da patologia.

Aplicação da acupuntura: Inserção perpendicular, 1-2,5 cm de profundidade.

Aplicação da moxabustão: Os tratamentos serão duas vezes ao dia em caso de ciatalgia e uma vez ao dia no caso de lombalgia, por duas semanas.

Utilização do ponto em outras patologias: Agitação psicomotora. Astenia. Insônia. Epilepsia. Anorexia. Algias gástricas. Dores cardíacas. Vômitos Edemas...

KUNLUN = BEXIGA (B 60)

Localização: Na depressão entre o maléolo externo e o tendão calcâneo.

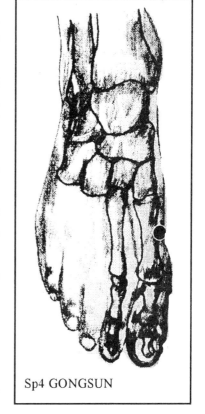

Sp4 GONGSUN

Aplicação da digitopuntura: preferencialmente deitado, a paciente mesmo poderá usar o polegar ou a palma da mão para massagear com força, por pelo menos 4 minutos, uma vez ao dia, até a melhora da patologia.

Aplicação da acupuntura: Inserção perpendicular 1-2 cm de profundidade.

Aplicação da moxabustão: Os tratamentos serão duas vezes ao dia em caso de ciatalgia e uma vez ao dia no caso de lombalgia, por duas semanas.

Utilização do ponto em outras patologias: Inquietude (agitação). Insônia. Cefaléia. Otalgia. Lombociatalgia. Dismenorréia acompanhada por hemicrânia.

DAZHONG = Rim (K4 – R4).

Localização: Encontra-se na face interna do pé, meio CUN distal e posterior ao ponto R 3 (Taixi).

Aplicação da digitopuntura. O paciente poderá estar sentado ou deitado e com o polegar exercer uma pressão com força, por 2 minutos, uma vez ao dia, até a melhora da patologia.

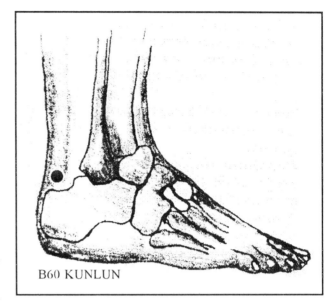

B60 KUNLUN

Aplicação da acupuntura: In-serção perpendicular 0,5 - 1 cm de profundidade.

Aplicação da moxabustão: Os tratamentos serão duas vezes ao dia em caso de ciatalgia e uma vez ao dia no caso de lombalgia, por duas semanas.

Utilização do ponto em outras patologias: Anuria. Disúria. Neurastenia. Tremores. Depressão. Hemoptise. Asma. Bronquite. Faringite. Amigdalite. Angina pectoris. Palpitações. Constipação. Lombalgia. Dores na coluna vertebral inteira. Emotividade...

SHEN SHU = Bexiga (B 23).

Localização: Encontra-se entre as apófises espinhais transversas entre a 2ª e 3ª vértebra lombar.

Aplicação da digitopuntura: O acupuntor usará o polegar para exercer uma pressão com força em direção a espinha dorsal até a dor lombar aliviar, repetir uma vez ao dia, durante cinco dias. Posição aconselhada para aplicação: deitado de barriga para baixo.

Aplicação da acupuntura: Inserção perpendicular 2-3 cm de profundidade.

Aplicação da moxabustão: Um tratamento em dias alternados, com moxa indireta, por duas semanas.

Utilização do ponto em outras patologias: Diabete. Nefrite. Uretrite. Cistite. Prostatite. Enurese noturna.

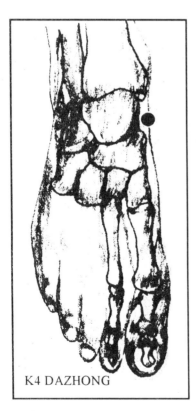

K4 DAZHONG

Ejaculação precoce. Polução noturna. Leucorréia. Dismenorréia. Esterilidade. Diarréia crônica. Lombalgia. Acúfenos. Hipoacúsia...

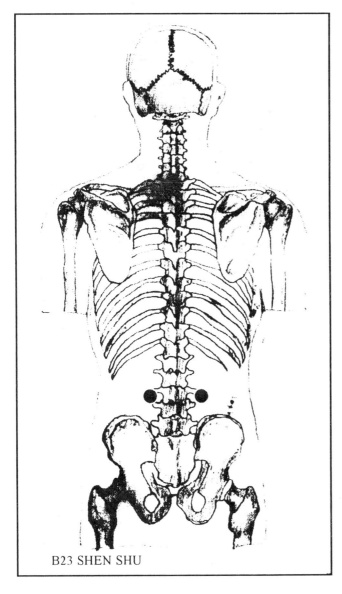

B23 SHEN SHU

HEGU = Intestino Grosso 4 (LI4 – IG4) – ponto principal.

Localização: O ponto HEGU é localizado contra a face medial do segundo osso metacárpico (indicador), ao nível de uma depressão que é ponto de origem de um pequeno ligamento.

Aplicação da digitopuntura: Sentado ou deitado, o paciente mesmo poderá usar seu polegar para pressionar o segundo metacarpo por 3-4 minutos, eventualmente repetir após 15 minutos se a dor persistir.

Aplicação da acupuntura: Inserção perpendicular, 1-2 cm de profundidade.

Utilização do ponto em outras patologias: Eficaz para sedar qualquer tipo de dor (aumenta as endorfinas circulantes no organismo). Melhora todas as afeções inflamatórias do distrito cefálico. Conjuntivite. Glaucoma. Cefaléia. Enxaqueca. Tosse. Diarréia. Nevralgia trigeminal. Paralisias faciais periféricas e centrais. Artrose da articulação temporomandibular. Lipotimia. Gripe epidêmica. Resfriado. Sinusite. Febre aguda e febrícula crônica. Amenorréia. Eczema. Urticária. Acne. Psoríase...

DOR DE CABEÇA

Os pontos a serem tratados são:
HEGU; FENGCHI.

HEGU = Intestino Grosso (LI4 – IG4) – ponto principal.

Localização: O ponto HEGU é localizado contra a face medial do segundo osso metacárpico (indicador), ao nível de uma depressão que é ponto de origem de um pequeno ligamento.

Aplicação da digitopuntura: Sentado ou deitado, o paciente mesmo poderá usar seu polegar para pressionar o segundo metacarpo por 3-4 minutos, eventualmente repetir após 15 minutos se a dor persistir.

Aplicação da acupuntura: Inserção perpendicular, 1-2 cm de profundidade.

Utilização do ponto em outras patologias: Eficaz para sedar qualquer tipo de dor (aumenta as endorfinas circulantes no organismo). Melhora todas as afeções inflamatórias do distrito cefálico. Conjuntivite. Glaucoma. Cefaléia. Enxaqueca. Tosse. Diarréia. Nevralgia trigeminal. Paralisias faciais periféricas e centrais. Artrose da articulação temporomandibular. Lipotimia. Gripe epidêmica. Resfriado. Sinusite. Febre aguda e febrícula crônica. Amenorréia. Eczema. Urticária. Acne. Psoríase...

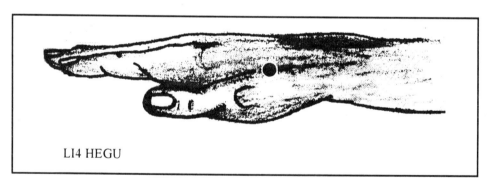

LI4 HEGU

FENGCHI = Vesícula Biliar (G20 – VB20).

Localização: Encontra-se a 3 cm da linha mediana, em uma depressão, entre o músculo esternocleidomastóideo e o músculo trapézio.

Aplicação da digitopuntura: É aconselhável que durante o tratamento, o paciente esteja sentado com a cabeça reclinada para frente. O acupuntor usará os polegares para massagear com força, por 5 minutos, eventualmente repetir após 15 minutos se a dor persistir.

Aplicação da acupuntura: Inserção perpendicular, 2-3 cm de profundidade.

Utilização do ponto em outras patologias. Resfriado comum. Sinusite. Cefaléia. Cervicalgia. Vertigens. Torcicolo. Hipertensão. Acúfenos. Lombalgia. Distúrbios nervosos. Miopia. Astigmatismo...

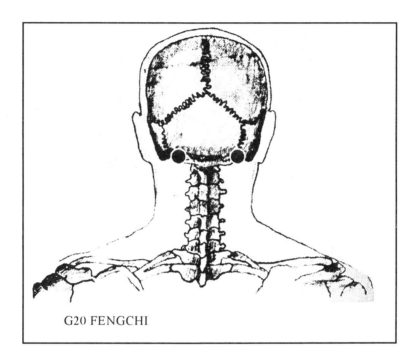

G20 FENGCHI

DOR DE CABEÇA (NERVOSISMO)

SHENMEN = Coração (H7 – C 7).

Localização: Encontra-se sobre a face ulnar na borda posterior do osso pisiforme, na extremidade interna da dobra do punho.

Aplicação da digitopuntura: os pacientes estarão sentados ou deitados, o acupuntor usará a unha do polegar para exercer uma pressão com força, por 2 minutos, até o progressivo desaparecimento dos sintomas.

Aplicação da acupuntura: inserção perpendicular 1-2 cm de profundidade.

Utilização do ponto em outras patologias: Hiperemotividade. Tremores. Psicose. Bulimia. Neurastenia. Torcicolo agudo. Algias e rigidez cervical. Dores do pulso (punho). Distúrbios nervosos e mentais. Cefaléia. Surdez e outras afeções do ouvido...

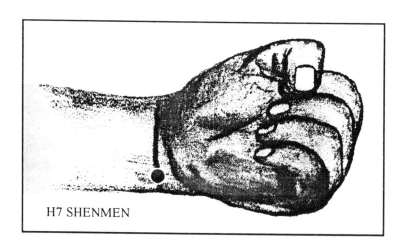

FALTA DE AR

Os pontos a serem tratados são:
TIANTU, Ponto Novo; FEISHU.

TIANTU = Vaso da Concepção (CV22 – VC 22).

Localização: Encontramos o ponto TIANTU na cavidade acima do esterno.

Aplicação da digitopuntura: Usar o dedo indicador para exercer pressão e depois massagear, rotando o dedo em sentido horário, por 2 minutos, uma vez ao dia, até a melhora da patologia.

Aplicação da acupuntura: Inserção perpendicular 0,3-0,5 cm de profundidade.

Utilização do ponto em outras patologias: Faringite. Bronquite. Todas as formas de tosse e de catarro (muco). Soluço Vômito. Icterícia. Espasmos esofágicos e gástricos. Tumefações da tiróide. Parotidite. Tumefação da parótide. Acne...

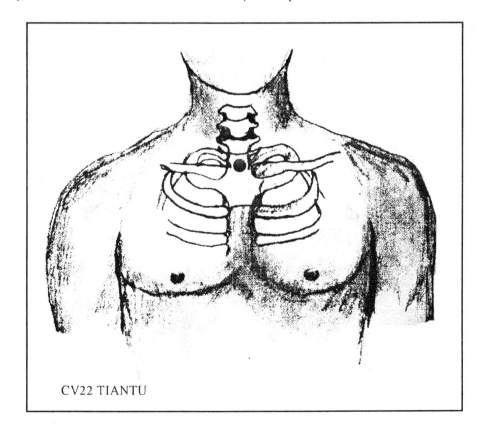

CV22 TIANTU

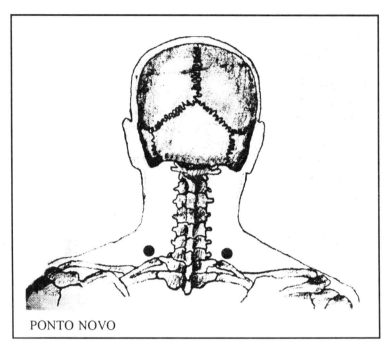

PONTO NOVO

Ponto Novo fora dos meridianos.

Localização: Este novo ponto está localizado a cerca de 2,5 cm ao lado do sétimo disco cervical.

Aplicação da digitopuntura: Durante este tratamento é preferível que o paciente esteja sentado e com a cabeça inclinada para frente. Usar o dedo polegar para massagear com força em direção do disco cervical, por 2 minutos, uma vez ao dia, até a melhora da patologia.

Aplicação da acupuntura: Inserção horizontal, 0,5-1 cm de profundidade.

Utilização do ponto em outras patologias: Asma. Insônia. Cervico-braquialgia. Faringite. Tosse...

FEISHU = Bexiga (B 13).

Localização: Situa-se a 1,5 CUN lateralmente ao processo espinhal da terceira vértebra dorsal.

Aplicação da digitopuntura: O paciente deverá estar deitado de barriga para baixo. Usar o dedo polegar para massagear com força até a completa melhora da patologia.

Aplicação da acupuntura: Inserção perpendicular, 0,5-1 cm de profundidade.

Utilização do ponto em outras patologias: Todas as afeções dos pulmões, do intestino e da pele. Tosse. Dispnéia. Tuberculose pulmonar. Depressão. Distúrbios gástricos. Sudoração abundante. Acne. Furunculoses. Prurido cutâneo. Eczema. Escoliose...

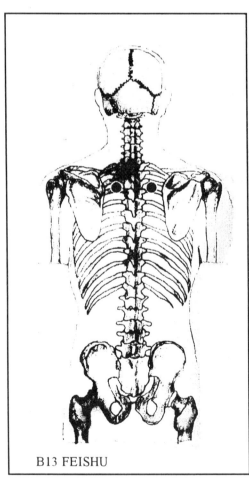

B13 FEISHU

MASTITE AGUDA

Os pontos a serem tratados são:

YINGCHUANG; LINQI.

YINGCHUANG = Estômago (S16 – E 16).

Localização: Encontra-se no 3º espaço intercostal, na linha mamilar.

Aplicação da digitopuntura: O paciente poderá estar sentado ou deitado, então, com o polegar, exerceremos uma pressão com força, por 2 minutos, uma vez ao dia, até a melhora da patologia.

Aplicação da acupuntura: Inserção oblíqua, 1-2 cm de profundidade.

Aplicação da moxabustão: Um tratamento ao dia até o desaparecimento dos sintomas.

Utilização do ponto em outras patologias: Febre. Insônia. Tosse crônica e raivosa. Asma. Dor torácica. Gastrite. Náusea. Vômito. Diarréia. Mastites e mastopatias. Ausência de secreção láctea pós-parto. Insuficiência láctea.

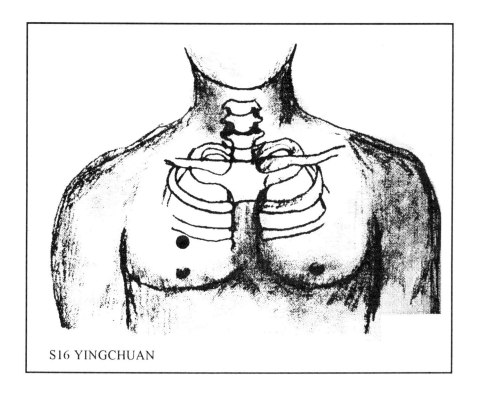

S16 YINGCHUAN

LINQI = Vesícula Biliar (G41 – VB 41).

Localização: Encontra-se na face dorso lateral do pé, entre o 4º e 5º ossos metatarsianos.

Aplicação da digitopuntura: O paciente poderá estar sentado ou deitado, então, com o polegar, exerceremos uma pressão com força, por 2 minutos, uma vez ao dia, até a melhora da patologia.

Aplicação da acupuntura: Inserção perpendicular, 1-2,5 cm de profundidade.

Aplicação da moxabustão: Um tratamento ao dia até o desaparecimento dos sintomas.

Utilização do ponto em outras patologias: Ponto que bloqueia a produção de leite. Dismenorréia. Dores no pé. Tremores. Depressão. Nevralgias. Afeções do olho. Sinusite...

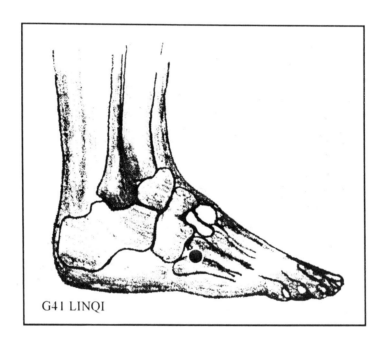

G41 LINQI

MENORRAGIA

Os pontos a serem tratados são:
DADUN; BAIHUI.

DADUN = Fígado (L1 – F 1).

Localização: Encontra-se a dois milímetros atrás e lateral ao ângulo ungueal externo do hálux.

Aplicação da digitopuntura: O paciente poderá estar sentado ou deitado. O acupuntor ou quem por ele usará a unha do polegar para exercer uma pressão com força, por 2 minutos, uma vez ao dia, até a melhora da patologia.

Aplicação da acupuntura: Inserção oblíqua dirigida para o alto, 2-3 mm de profundidade.

Aplicação da moxabustão: Dois tratamentos ao dia até a hemorragia cessar.

Utilização do ponto em outras patologias: Sonolência. Depressão. Epilepsia. Transpiração excessiva. Câibras. Distúrbios do aparato gastro-entérico. Hérnia. Distúrbios urinários...

BAIHUI = Vaso Governador (GV20 – VG 20) – ponto principal.

Localização: localizado no topo da cabeça, onde a linha mediana cruza com a linha de conjunção, que parte dos extremos das helixes das orelhas.

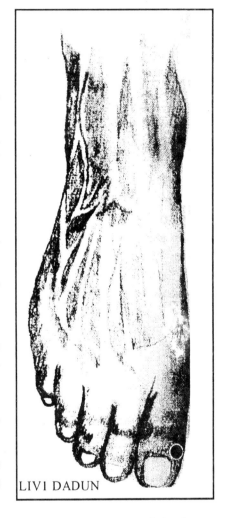

LIV1 DADUN

Aplicação da digitopuntura: o paciente poderá estar sentado ou deitado, o acupuntor usará o polegar para exercer uma pressão com força, por 2 minutos, uma vez ao dia, até a melhora da patologia.

Aplicação da acupuntura: Inserção horizontal dirigida para baixo, 0,5-1 cm de profundidade.

Aplicação da moxabustão: Dois tratamentos ao dia até a hemorragia cessar.

Utilização do ponto em outras patologias: Excitação. Depressão. Balbuciar (gaguejar). Epilepsia. Esquizofrenia. Histeria. Neurastenia. Amnésia. Apoplexia...

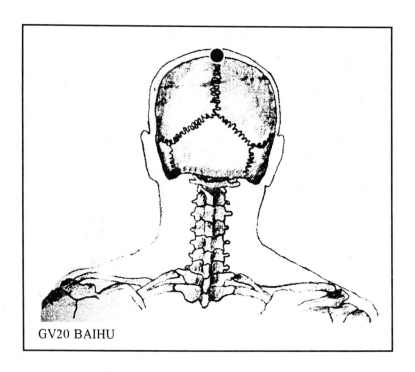

MIOPIA

Os pontos a serem tratados são:
ZUSANLI; YUZHEN; GUANGMING.

ZUSANLI = Estômago (S36 – E36) – ponto principal.

Localização: O ponto Zusanli está localizado na crista tibial, abaixo do plateu, 3 CUN abaixo do ápice da rótula.

Aplicação da digitopuntura: é aconselhável ao paciente estar deitado ou sentado, o acupuntor usará o polegar para pressionar e depois massagear rotando o dedo, em sentido horário, por 2 minutos, uma vez ao dia, até a melhora da patologia.

Aplicação da acupuntura: Inserção perpendicular, 2-3 cm de profundidade.

Aplicação da moxabustão: A terapia consistirá em dois tratamentos por semana, durante dois meses. Interromper por uma semana antes de iniciar um novo ciclo.

Utilização do ponto em outras patologias: Gastrite e gastralgia. Úlcera gastroduodenal. Diarréia. Apendicopatias. Colite funcional. Cefaléias. Enxaquecas. Hipo e hipertensão. Tremor. Intoxicação alimentar. Depressão e distúrbios neuróticos...

YUZHEN = Bexiga (B 9).

Localização: A 1,5 CUN lateral ao ponto VG 17, em uma depressão que encontramos na protuberância occipital.

Aplicação da digitopuntura: O paciente estará sentado ou deitado e o acupuntor usará seu polegar para pressionar e massagear, por 2 minutos, uma vez ao dia, até a melhora da patologia.

Aplicação da acupuntura: Inserção oblíqua, 0,5-1 cm de profundidade.

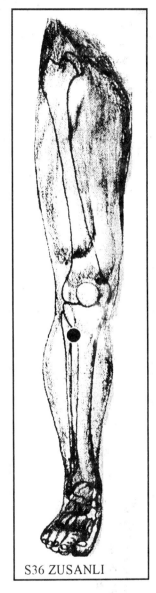

S36 ZUSANLI

Aplicação da moxabustão: A terapia consistirá em dois tratamentos por semana, durante dois meses. Interromper por uma semana antes de iniciar um novo ciclo.

Utilização do ponto em outras patologias: Dores oculares. Vertigens. Convulsões. Acúfenos. Cefaléia na nuca. Cefaléia por hipertensão...

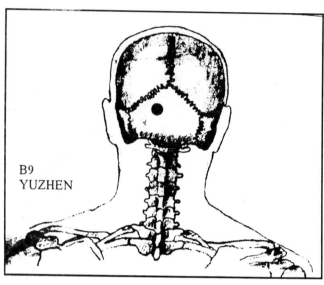

GUANGMING = Vesícula Biliar (G37 – VB37)

Localização: Encontra-se a 5 CUN do maléolo externo, na borda anterior da fíbula.

Aplicação da digitopuntura: O paciente poderá estar sentado ou deitado, então com o polegar exerceremos uma pressão para baixo com força, por 2 minutos, uma vez ao dia, até a melhora da patologia.

Aplicação da acupuntura: Inserção perpendicular, 2-3 cm de profundidade.

Aplicação da moxabustão: A terapia consistirá em dois tratamentos por semana, durante dois meses. Interromper por uma semana, antes de iniciar um novo ciclo.

Utilização do ponto em outras patologias: Hemicrania. Afeições oculares. Espasmos e cólicas biliares. Insuficiência hepática. Lombalgia. Ciatalgia. Artrose e dores do joelho, da perna e do pé. Todas as afeções crônicas dos ossos e das articulações. Adenopatias difusas...

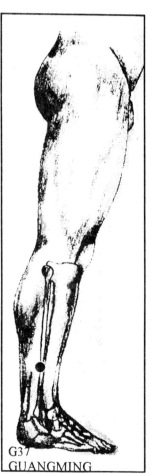

URTICÁRIA

Os pontos a serem tratados são:

FENGSHUI; HEGU; QUQUAN; XUEHAI.

FENGSHUI = Vesícula Biliar (G31 – VB 31).

Localização: Encontra-se na face lateral da coxa, 7 CUN acima da dobra poplítea transversal.

Aplicação da digitopuntura: O paciente poderá estar deitado ou sentado, o acupuntor usará o polegar para pressionar e depois massagear rotando o dedo, em sentido horário, por 4 minutos, uma vez ao dia, até a melhora da patologia.

Aplicação da acupuntura: Inserção perpendicular, 2-3 cm de profundidade.

Aplicação da moxabustão: Os tratamentos poderão ser de dois a quatro ao dia, em sua fase aguda. Uma ou duas vezes por semana, como terapia de manutenção.

Utilização do ponto em outras patologias: Coceira generalizada. Problemas dos músculos da coxa. Ciatalgia. Espasmos e cólicas biliares. Distúrbios da Hipófise...

HEGU = Intestino Grosso 4 (LI4 – IG4) – ponto principal.

Localização: O ponto HEGU é localizado contra a face medial do segundo osso metacárpico (indicador), ao nível de uma depressão que é ponto de origem de um pequeno ligamento.

Aplicação da digitopuntura: Sentado ou deitado, o paciente mesmo poderá usar seu polegar para pressionar o segundo metacarpo por 3-4 minutos, eventualmente repetir após 15 minutos se a dor persistir.

Aplicação da acupuntura: Inserção perpendicular, 1-2 cm de profundidade.

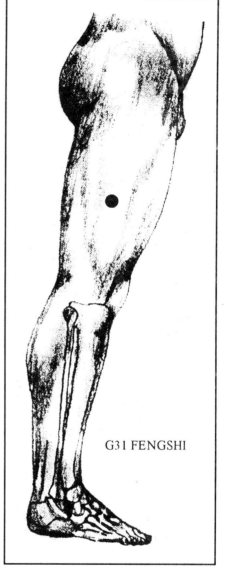

G31 FENGSHI

Aplicação da moxabustão: Os tratamentos poderão ser de dois a quatro ao dia, em sua fase aguda. Uma ou duas vezes por semana, como terapia de manutenção.

Utilização do ponto em outras patologias: Eficaz para sedar qualquer tipo de dor (aumenta as endorfinas circulantes no organismo). Melhora todas as afeções inflamatórias do distrito cefálico. Conjuntivite. Glaucoma. Cefaléia. Enxaqueca. Tosse. Diarréia. Nevralgia trigeminal. Paralisias faciais periféricas e centrais. Artrose da articulação temporomandibular. Lipotimia. Gripe epidêmica. Resfriado. Sinusite. Febre aguda e febrícula crônica. Amenorréia. Eczema. Urticária. Acne. Psoríase...

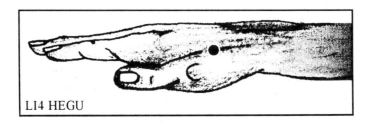

LI4 HEGU

QUQUAN = Fígado (L8 – F 8).

Localização: Encontra-se na extremidade interna da dobra de flexão do joelho, na cavidade anteriormente a borda dos músculos semimembranoso e semitendinoso.

Aplicação da digitopuntura: Com o paciente deitado de barriga para baixo, o acupuntor exercerá uma pressão com força, durante 2 minutos, três vezes ao dia, até a melhora da patologia.

Aplicação da acupuntura: Inserção perpendicular, 2-4 cm de profundidade.

Aplicação da moxabustão: Os tratamentos poderão ser de dois a quatro ao dia, em sua fase aguda. Uma ou duas vezes por semana, como terapia de manutenção.

Utilização do ponto em outras patologias: Cefaléia. Inquietude. Astenia. Epistaxe. Estomatite. Hemorróidas. Dismenorréia. Infeções urogenitais. Intoxicação alimentar...

XUEHAI = Baço-Pâncreas (Sp10 – BP 10).

Localização: Na face interna da coxa, em uma fossa ligeiramente atrás da saliência que se forma em correspondência do côndilo medial do fêmur, quando fletimos a perna.

Aplicação da digitopuntura: O paciente poderá estar sentado ou deitado, o acupuntor usará o polegar para exercer uma pressão para baixo, com força, por 4 minutos.

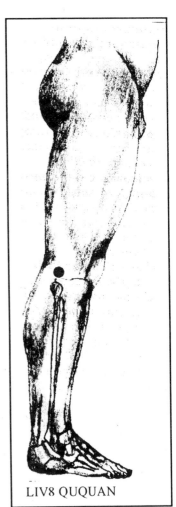

LIV8 QUQUAN

Aplicação da acupuntura: Inserção perpendicular, 2-3 cm de profundidade.

Aplicação da moxabustão: Os tratamentos poderão ser de dois a quatro ao dia, em sua fase aguda. Uma ou duas vezes por semana, como terapia de manutenção.

Utilização do ponto em outras patologias: Ponto com forte atividade sobre as doenças do sangue. Incontinência urinária. Anemia. Hemorragias uterinas. Amenorréia. Dismenorréia. Varizes. Hemorróidas. Acne. Ponto utilizado para anestesia...

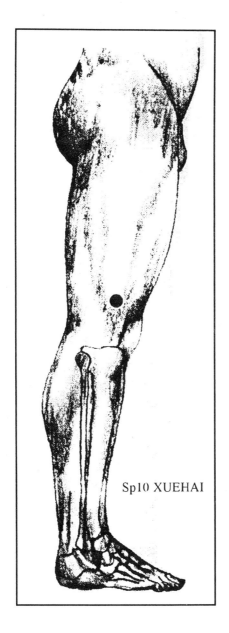

Sp10 XUEHAI

PALPITAÇÕES

SHENMEN = Coração (H7 – C 7).

Localização: Encontra-se sobre a face ulnar na borda posterior do osso pisiforme, na extremidade interna da dobra do punho.

Aplicação da digitopuntura: os pacientes estarão sentados ou deitados, o acupuntor usará a unha do polegar para exercer uma pressão com força, até o progressivo desaparecimento dos sintomas.

Aplicação da acupuntura: inserção perpendicular 1-2 cm de profundidade.

Utilização do ponto em outras patologias: Hiperemotividade. Tremores. Psicose. Bulimia. Neurastenia. Torcicolo agudo. Algias e rigidez cervical. Dores do pulso (punho). Distúrbios nervosos e mentais. Cefaléia. Surdez e outras afeções do ouvido...

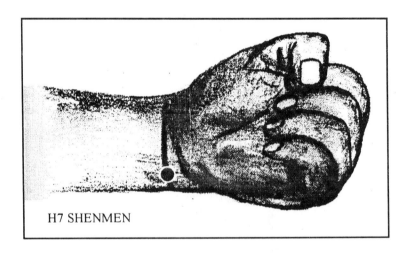

H7 SHENMEN

BARRIGA INCHADA NAS CRIANÇAS

Ponto fora dos meridianos.

Localização: Este novo ponto localiza-se na mão, no meio da dobra da articulação dos dedos: indicador, médio, anular, mínimo.

A criança poderá estar em qualquer posição, o acupuntor usará a unha do polegar para exercer uma pressão com força ou a moxabustão indireta até a melhora da patologia.

PARTO DIFÍCIL

Os ponto a serem tratados são:
SANYINJIAO; ZHIYIN.

SANYINJIAO = Baço-Pâncreas (Sp6 – BP6).

Localização: Encontra-se a 3 CUN acima da ponta do maléolo medial contra a margem posterior da tíbia.

Aplicação da digitopuntura: O paciente deverá estar deitado, será o acupuntor a usar o polegar para exercer uma pressão durante 3 minutos. Eventualmente repetir se persistir um trabalho de parto dificultoso.

Aplicação da acupuntura: Inserção perpendicular, 1-2 cm de profundidade.

Utilização do ponto em outras patologias: Eleva os níveis soro-hormonais. Afeções gastrointestinais. Angina Pectoris. Hipertensão. Arteriosclerose. Amenorréia. Dismenorréia. Dores menstruais (cólicas). Enurese noturna. Ejaculação precoce. Impotência. Esterilidade. Espermatorréia. Orquite. Polaciúria. Cistite. Incontinência urinária. Hemiplegia. Nevrose. Ponto abortivo. Intensa ação sob grande parte das afeções vasculares...

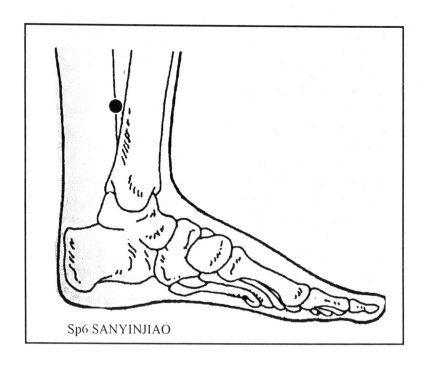

Sp6 SANYINJIAO

ZHIYIN = Bexiga (B 67).

Localização: Ponto localizado sobre o ângulo ungueal lateral do 5º dedo do pé.

Aplicação da digitopuntura: O paciente estando deitado, o acupuntor usará seu polegar para exercer uma pressão com força durante 3 minutos. Eventualmente repetir se persistir um trabalho de parto dificultoso.

Aplicação da acupuntura: Inserção oblíqua dirigida para o alto, 2-3 mm de profundidade.

Utilização do ponto em outras patologias: A punctura profunda neste ponto alivia as dores de qualquer natureza e região do corpo. Além disso serve para corrigir as más posições fetais, em particular quando o feto se apresenta em posição podálica, neste caso é preferível tratar o ponto com a moxabustão...

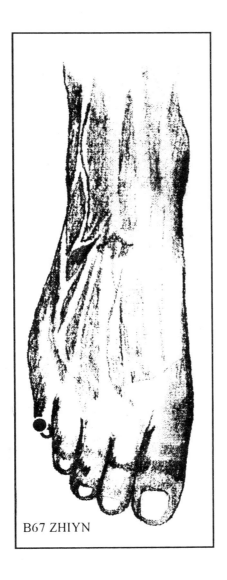

B67 ZHIYN

POSIÇÃO ANÔMALA DO FETO (PODÁLICA)

ZHIYIN = Bexiga (B 67).

Localização: Ponto localizado sobre o ângulo ungueal lateral do 5º dedo do pé.

Aplicação da digitopuntura: O paciente estando deitado, o acupuntor usará seu polegar para exercer uma pressão com força. Os tratamentos serão de um ao dia, durante 3 minutos, até que o feto não assuma a posição cefálica.

Aplicação da acupuntura: Inserção oblíqua dirigida para o alto, 2-3 mm de profundidade.

Aplicação da moxabustão: Cauterizando o ponto B 67 bilateralmente, favoreceremos o deslocamento do feto e facilitaremos o parto que se dará de maneira natural. Os tratamentos serão de um ao dia, com a duração de trinta minutos (quinze para cada ponto), para que o feto assuma a posição cefálica.

Utilização do ponto em outras patologias: A punctura profunda neste ponto alivia as dores de qualquer natureza e região do corpo. Dismenorréia. Amenorréia...

B67 ZHIYIN

PSORÍASE

Os pontos a serem tratados são:
ZUSANLI; HEGU.

ZUSANLI = Estômago (S36 – E36) – ponto principal.

Localização: O ponto Zusanli está localizado na crista tibial, abaixo do plateu, 3 CUN abaixo do ápice da rótula.

Aplicação da digitopuntura: é aconselhável ao paciente estar deitado ou sentado, o acupuntor usará o polegar para pressionar e depois massagear rotando o dedo, em sentido horário, por 2 minutos, uma vez ao dia, até a melhora da patologia.

Aplicação da acupuntura: Inserção perpendicular, 2-3 cm de profundidade.

Aplicação da moxabustão: Os tratamentos serão de um, a cada dois dias, com moxa indireta. Após dez sessões, suspender por uma semana. Recomeçar se necessário.

Utilização do ponto em outras patologias: Gastrite e gastralgia. Úlcera gastroduodenal. Diarréia. Apendicopatias. Colite funcional. Cefaléias. Enxaquecas. Hipo e hipertensão. Tremor. Intoxicação alimentar. Depressão e distúrbios neuróticos...

HEGU = Intestino Grosso 4 (LI4 – IG4) – ponto principal.

Localização: O ponto HEGU é localizado contra a face medial do segundo osso metacárpico (indicador), ao nível de uma depressão que é ponto de origem de um pequeno ligamento.

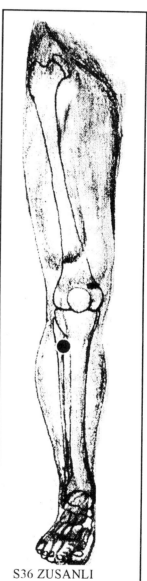

S36 ZUSANLI

Aplicação da digitopuntura: Sentado ou deitado, o paciente mesmo poderá usar seu polegar para pressionar o segundo metacarpo, por 3-4 minutos, eventualmente repetir após 15 minutos se a dor persistir.

Aplicação da acupuntura: Inserção perpendicular, 1-2 cm de profundidade.

Aplicação da moxabustão: Os tratamentos serão de um, a cada dois dias, com moxa indireta. Após dez sessões, suspender por uma semana. Recomeçar se necessário.

Utilização do ponto em outras patologias: Eficaz para sedar qualquer tipo de dor (aumenta as endorfinas circulantes no organismo). Melhora todas as afeções inflamatórias do distrito cefálico. Conjuntivite. Glaucoma. Cefaléia. Enxaqueca. Tosse. Diarréia. Nevralgia trigeminal. Paralisias faciais periféricas e centrais. Artrose da articulação temporomandibular. Lipotimia. Gripe epidêmica. Resfriado. Sinusite. Febre aguda e febrícula crônica. Amenorréia. Eczema. Urticária. Acne. Psoríase...

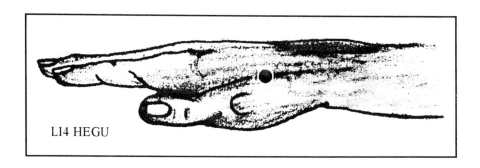

RESFRIADO
(ACOMPANHADO DE FEBRE)

QUCHI = Intestino Grosso (LI11 – IG 11).

Localização: Encontra-se na depressão presente na face lateral do cotovelo, ao longo da linha de flexão, quando o braço é fletido anteriormente ao epicôndilo umeral.

Aplicação da digitopuntura: O paciente durante o tratamento deverá estar sentado ou deitado, então se usará o polegar para exercer uma pressão com força sobre o ponto, por 2 minutos, uma vez ao dia, até a melhora da patologia.

Aplicação da acupuntura: Inserção perpendicular 2-3 cm de profundidade.

Utilização do ponto em outras patologias: Remove as inflamações das articulações e tem uma ação calmante sobre a dor, além de ser utilizado em algumas doenças de pele (acne, furunculose...) e da circulação (hipertensão, espasmos...). Cefaléia. Inquietude (agitação). Medo. Periartrite escápulo-umeral. Paralisia dos membros superiores. Febre. Amigdalite. Otite. Hemiplegia. Convulsões. Conjuntivite. Eczema. Acne. Neurodermatite. Epicondilite traumática e artrósica. Constipação. Dismenorréia. Prurido...

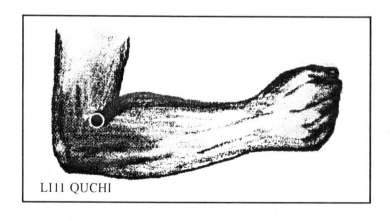

LI11 QUCHI

RESFRIADO
(ACOMPANHADO POR TOSSE)

TIANTU = Vaso da Concepção (CV22 – VC 22).

Localização: Encontramos o ponto TIANTU na cavidade acima do esterno.

Aplicação da digitopuntura: Usar o dedo indicador para exercer pressão e depois massagear rotando o dedo, em sentido horário, por 2 minutos, uma vez ao dia, até a melhora da patologia. O paciente poderá tanto estar sentado quanto deitado.

Aplicação da acupuntura: Inserção perpendicular 0,3-0,5 cm de profundidade.

Utilização do ponto em outras patologias: Faringite. Asma. Bronquite. Todas as formas de tosse e de catarro (muco). Soluço Vômito. Icterícia. Espasmos esofágicos e gástricos. Tumefações da tiróide. Parotidite. Tumefação da parótida. Acne...

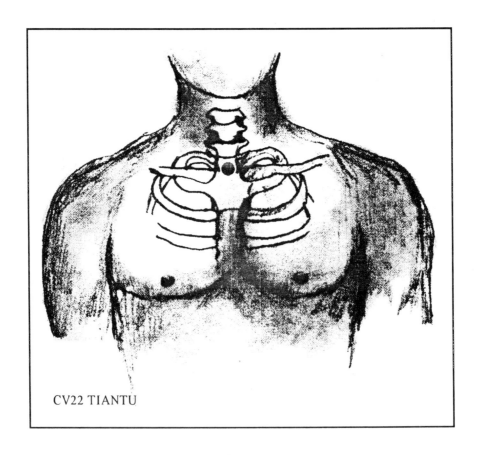

RESFRIADO COMUM

Os pontos a serem tratados são:
HEGU; DAZHUI; FENGMEN.

HEGU = Intestino Grosso 4 (LI4 – IG4) – ponto principal.

Localização: O ponto HEGU é localizado contra a face medial do segundo osso metacárpico (indicador), ao nível de uma depressão que é ponto de origem de um pequeno ligamento.

Aplicação da digitopuntura: Sentado ou deitado, o paciente mesmo poderá usar seu polegar para pressionar o segundo metacarpo por 3-4 minutos, eventualmente repetir após 15 minutos se a dor persistir.

Aplicação da acupuntura: Inserção perpendicular, 1-2 cm de profundidade.

Aplicação da moxabustão: Cauterizar o ponto. Dois tratamentos ao dia por dois dias serão suficientes para deter o resfriado ou um começo de influenza.

Utilização do ponto em outras patologias: Eficaz para sedar qualquer tipo de dor (aumenta as endorfinas circulantes no organismo). Melhora todas as afeções inflamatórias do distrito cefálico. Conjuntivite. Glaucoma. Cefaléia. Enxaqueca. Tosse. Diarréia. Nevralgia trigeminal. Paralisias faciais periféricas e centrais. Artrose da articulação temporomandibular. Lipotimia. Gripe epidêmica. Resfriado. Sinusite. Febre aguda e febrícula crônica. Amenorréia. Eczema. Urticária. Acne. Psoríase...

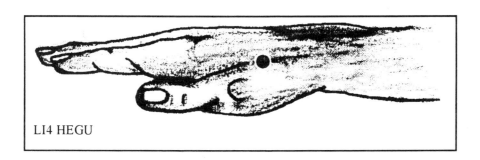

LI4 HEGU

DAZHUI = Vaso Governador (GV14 – VG 14).

Localização: Encontra-se entre a 7ª vértebra cervical e a 1ª dorsal.

Aplicação da digitopuntura: O acupuntor aconselhará o paciente a permanecer sentado, ou melhor, de deitar-se de lado com a cabeça levemente inclinada para baixo.

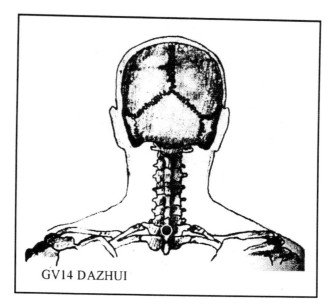

GV14 DAZHUI

Será empregada a ponta do indicador para exercer pressão e massagear, por 2 minutos, uma vez ao dia, até a melhora da patologia.

Aplicação da acupuntura: Inserção perpendicular, 0,5 cm de profundidade.

Aplicação da moxabustão: Cauterizar o ponto. Dois tratamentos ao dia, por dois dias, serão suficientes para deter o resfriado ou um começo de influenza.

Utilização do ponto em outras patologias: Ponto com ação sobre a glândula tireóide. Cansaço generalizado. Depressão. Histeria. Exaustão nervosa. Febre. Golpe de calor. Tuberculose pulmonar. Enfisema. Eczema. Cervicobraquialgia. Torcicolo. Vômito. Diarréia...

FENGMEN = Bexiga (B 12).

Localização: Localiza-se na altura da 2ª vértebra dorsal, a 1,5 CUN lateral a borda inferior do processo espinhal.

Aplicação da digitopuntura: O paciente poderá estar sentado ou deitado. O acupuntor usará o polegar para massagear durante 3-4 minutos, uma vez ao dia, até a melhora da patologia.

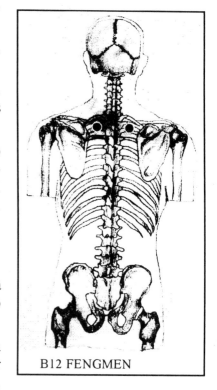

B12 FENGMEN

Aplicação da acupuntura: Inserção perpendicular 0,5-1 cm de profundidade.

Utilização do ponto em outras patologias. Todas as afeções do aparelho respiratório. Angina pectoris. Arritmias cardíacas. Urticária. Acne. Furunculose. Hipotireoidismo. Hipertireóidismo...

ZUMBIDO NOS OUVIDOS

Os pontos a serem tratados são:
SIDU; DADUN.

SIDU = Triplo Aquecedor (TE9 – TA9) – ponto principal.

Localização: Encontra-se a 5 CUN abaixo do olêcrano, ao centro da face posterior do antebraço.

Aplicação da digitopuntura: O paciente poderá estar sentado ou deitado. O acupuntor ou quem por ele usará a unha do polegar para exercer uma pressão com força, por 3 minutos, uma vez ao dia, até a melhora da patologia.

Aplicação da acupuntura: Inserção perpendicular, 2 cm de profundidade.

Aplicação da moxabustão: Os tratamentos serão de um a cada dois dias, durante quinze dias ao todo. É importante tratar unicamente os pontos da parte oposta, se o zumbido for de um só lado, porém se este se manifestar em ambos os lados efetuar o tratamento bilateralmente.

Utilização do ponto em outras patologias: Vertigens. Coma. Golpe de calor. Meningite. Ansiedade. Pesadelos. Insônia. Falta de concentração...

DADUN = Fígado (L1 – F1).

Localização: Encontra-se a dois milímetros atrás e lateral ao ângulo ungueal externo do hálux.

Aplicação da digitopuntura: O paciente poderá estar sentado ou deitado. O acupuntor ou quem por ele usará a unha do polegar para exercer uma pressão com força, por 2 minutos, uma vez ao dia, até a melhora da patologia.

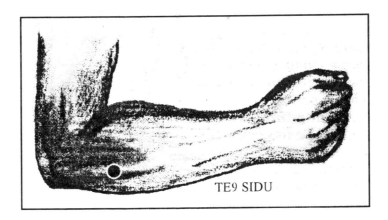

Aplicação da acupuntura: Inserção oblíqua dirigida para o alto, 2-3 mm de profundidade.

Aplicação da moxabustão: Os tratamentos serão de um a cada dois dias, durante quinze dias ao todo. É importante tratar unicamente os pontos da parte oposta, se o zumbido for de um só lado, porém se este se manifestar em ambos os lados efetuar o tratamento bilateralmente.

Utilização do ponto em outras patologias: Sonolência. Depressão. Epilepsia. Transpiração excessiva. Câibras. Distúrbios do aparato gastroentérico. Hérnia. Distúrbios urinários...

LIVI DADUN

SEDE

Ponto novo fora dos meridianos.

Localização: O novo ponto está localizado sobre a ponta da língua (este ponto não é um ponto de acupuntura).

Aplicação terapêutica: Serão usados os dentes da frente para morder a ponta da língua e engolir a saliva. Esta terapia não obriga o paciente a nenhuma posição em particular.

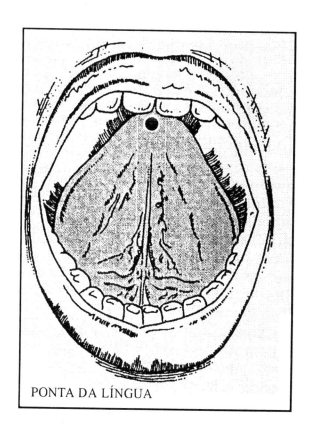

PONTA DA LÍNGUA

SINCOPE – COLAPSO

Os pontos a serem tratados são:
RENZHONG; YONG QUAN.

RENZHONG = Vaso Governador (GV26 – VG 26).

Localização: Encontra-se no lábio superior abaixo do nariz.

Aplicação da digitopuntura: O paciente poderá estar sentado ou deitado.

O acupuntor ou quem por ele usará a unha do polegar para pressionar com força até a melhora da patologia.

Aplicação da acupuntura: Inserção oblíqua dirigida para o alto, 0,8-1 cm de profundidade.

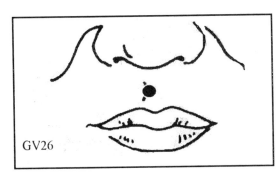

Utilização do ponto em outras patologias: Ponto preferencial em uma emergência. Choque. Golpe de calor. Perda da consciência. Apoplexia. Enfarte cardíaco. Inflamações do nariz e da face. Epilepsia. Diabete. Hiperglicemia. Dores de toda a coluna vertebral. Torcicolo agudo. Paralisia facial. Gengivite. Dores dentárias sobretudo dos incisivos e caninos superiores. Hipertermia...

YONG QUAN = Rim (K1 – R 1).

Localização: Encontra-se na depressão da planta do pé entre o segundo e o terceiro dedo ao nível da articulação metatarsofalangiana.

Aplicação da digitopuntura: O acupuntor usará o dedo polegar para exercer uma pressão com força até a melhora da patologia.

Aplicação da acupuntura: Inserção perpendicular, 1 cm de profundidade.

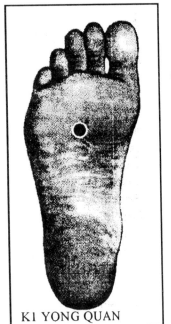

Utilização do ponto em outras patologias: Palpitações. Esterilidade feminina. Laringite. Faringite. Shock. Cefaléia. Climatério. Asma...

SOLUÇO

GESHU = Bexiga (B 17).

Localização: Encontra-se a 1,5 CUN lateralmente a borda inferior da 7ª vértebra torácica.

Aplicação da digitopuntura: É aconselhável que o paciente esteja sentado ou deitado de lado. O acupuntor usará o polegar para exercer uma pressão para baixo com força. O tratamento se estenderá até o sintoma aliviar e por fim passar.

Aplicação da acupuntura: Inserção perpendicular 1-2 cm de profundidade.

Aplicação da moxabustão: A terapia consistirá em um tratamento a cada dez minutos até o desaparecimento dos sintomas.

Utilização do ponto em outras patologias: Amigdalite. Inflamações da garganta e das glândulas cervicais. Dispnéia. Náusea. Vômito. Surdez. Braquialgia....

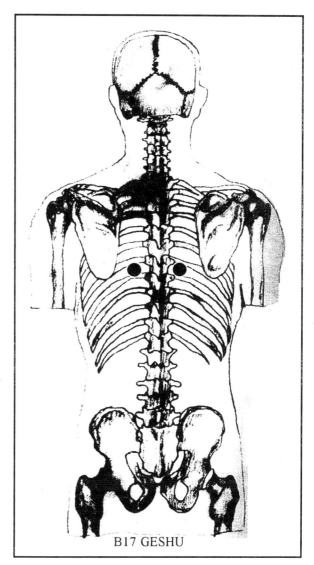

B17 GESHU

SINUSITE

Os pontos a serem tratados são:
YINTANG; YINGXIANG.

YINTANG = Ponto extra da Cabeça.

Localização: Entre as sobrancelhas, na linha média da face.

Aplicação da digitopuntura: O paciente mesmo poderá usar o indicador e massagear por 2 minutos, uma vez ao dia. Continuar constantemente a terapia até a melhora da patologia.

Aplicação da acupuntura: Inserção oblíqua, 0,5-1 cm de profundidade.

YONGXIANG = Intestino grosso (LI20 – IG20).

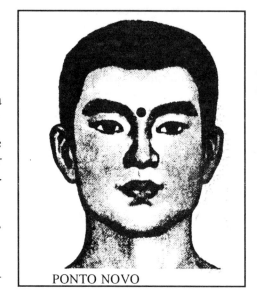
PONTO NOVO

Localização: Encontra-se a meia distância entre a dobra nasolabial e a borda da asa do nariz.

Aplicação da digitopuntura: O paciente mesmo poderá usar a unha do polegar e massagear por 2 minutos, uma vez ao dia. Continuar o tratamento até a melhora da patologia.

Aplicação da acupuntura: Inserção oblíqua, 0,5-1 cm de profundidade.

Utilização do ponto em outras patologias: Todas as afeições da mucosa nasal e dos sinus paranasais. Epistaxe. Surdez. Rinite e sinusite alérgicas infectivas agudas e crônicas. Parasitose intestinal. Paralisia facial...

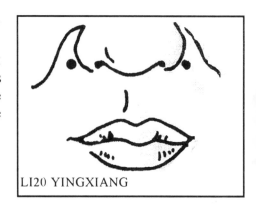
LI20 YINGXIANG

SONOLÊNCIA

Ponto novo fora dos meridianos.

Localização: O novo ponto está localizado sobre a ponta da língua (este ponto não é um ponto de acupuntura).

Aplicação terapêutica: Serão usados os dentes da frente para morder a ponta da língua e engolir a saliva. Esta terapia não obriga o paciente a nenhuma posição em particular.

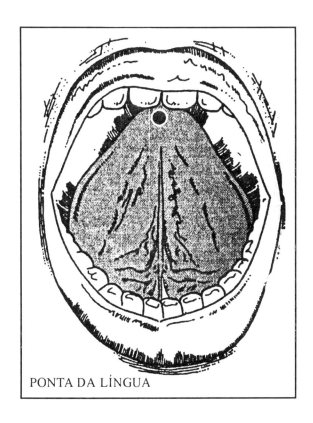

PONTA DA LÍNGUA

ESTERILIDADE

Os pontos a serem tratados nas patologias funcionais são:
YINLIAN; BAIHUI; GUANYUAN; ZIGONG.

YINLIAN = Fígado (L11 – F11).

Localização: Encontra-se na dobra inguinal, lateralmente à artéria femoral.

Aplicação da digitopuntura: Com o paciente deitado de costas, o acupuntor usará o polegar para exercer uma pressão com força, por 2 minutos, uma vez ao dia, até a melhora da patologia.

Aplicação da acupuntura: Inserção perpendicular, 2,5-5 cm de profundidade. PERIGO DE LESÃO DOS VASOS FEMORAIS.

Aplicação de moxabustão: Ponto especial de moxabustão para tratar a esterilidade. Um tratamento por dia, após duas semanas suspender por cinco dias. Repetir o ciclo terapêutico por um trimestre.

Utilização do ponto em outras patologias: Nevralgia. Esterilidade. Adenopatias inguinais. Algias dos membros inferiores...

BAIHUI = Vaso Governador (GV20 – VG 20) – ponto principal.

Localização: localizado no topo da cabeça, onde a linha mediana cruza com a linha de conjunção que parte dos extremos das helixes das orelhas.

Aplicação da digitopuntura: o paciente poderá estar sentado ou deitado, o acupuntor usará o polegar para exercer uma pressão com força, por 2 minutos, uma vez ao dia, até a melhora da patologia.

Aplicação da acupuntura: Inserção horizontal dirigida para baixo, 0,5-1 cm de profundidade.

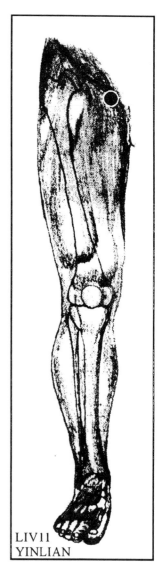
LIV11 YINLIAN

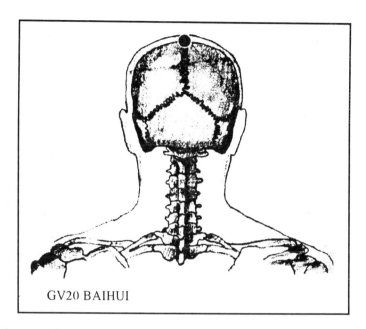

GV20 BAIHUI

Aplicação da moxabustão: Um tratamento por dia, após duas semanas suspender por cinco dias. Repetir o ciclo terapêutico por um trimestre.

Utilização do ponto em outras patologias: Excitação. Depressão. Balbuciar (gaguejar). Epilepsia. Esquizofrenia. Histeria. Neurastenia. Amnésia. Apoplexia...

GUANYUAN = Vaso da Concepção (CV4 – VC 4).

Localização: Encontra-se a 2 CUN acima da margem superior do púbis.

Aplicação da digitopuntura: preferencialmente deitado, a paciente mesmo poderá usar o polegar ou a palma da mão para massagear com força, por pelo menos 4 minutos, uma vez ao dia, até a melhora da patologia.

Aplicação da acupuntura: Inserção perpendicular 2-3 cm de profundidade.

Aplicação da moxabustão: Um tratamento por dia, após duas semanas suspender por cinco dias. Repetir o ciclo terapêutico por um trimestre.

Utilização do ponto em outras patologias: Dismenorréia. Espermatorréia. Impotência. Diarréia. Enurese. Cefaléia. Vertigens. Insônia. Dor periumbelical. Polução noturna. Ejaculação precoce. Anúria. Esterilidade.

ZIGONG = Ponto extra.

Localização: 3 CUN lateralmente à linha mediana anterior e 1 CUN acima da margem superior do púbis.

Aplicação da digitopuntura: Com o paciente deitado, o acupuntor usará o polegar para massagear com força, por 4 minutos, uma vez ao dia, até a melhora da patologia.

Aplicação da acupuntura: Inserção perpendicular, 2-3 cm de profundidade.

Aplicação de moxabustão: Um tratamento por dia, após duas semanas suspender por cinco dias. Repetir o ciclo terapêutico por um trimestre.

Utilização do ponto em outras patologias: Esterilidade feminina. Amenorréia. Pelviperitonite. Apendicite. Pielonefrite. Orquite...

STRESS

Os pontos a serem tratados são:
ZUSANLI; SHENMEN.

ZUSANLI = Estômago (S36 – E36) – ponto principal.

Localização: O ponto Zusanli está localizado na crista tibial, abaixo do plateu, 3 CUN abaixo do ápice da rótula.

Aplicação da digitopuntura: é aconselhável ao paciente estar deitado ou sentado, o acupuntor usará o polegar para pressionar e depois massagear rotando o dedo, em sentido horário, por 2 minutos, uma vez ao dia, até a melhora da patologia.

Aplicação da acupuntura: Inserção perpendicular, 2-3 cm de profundidade.

Aplicação da moxabustão: A terapia consistirá em um tratamento por dia, durante dez dias. Interromper por três dias antes de iniciar um novo ciclo.

Utilização do ponto em outras patologias: Gastrite e gastralgia. Úlcera gastroduodenal. Diarréia. Apendicopatias. Colite funcional. Cefaléias. Enxaquecas. Hipo e hipertensão. Tremor. Intoxicação alimentar. Depressão e distúrbios neuróticos...

SHENMEN = Coração (H7 – C 7).

Localização: Encontra-se sobre a face ulnar na borda posterior do osso pisiforme, na extremidade interna da dobra do punho.

Aplicação da digitopuntura: os pacientes estarão sentados ou deitados, o acupuntor usará a unha do polegar para exercer uma pressão com força, até o progressivo desaparecimento dos sintomas.

Aplicação da acupuntura: inserção perpendicular 1-2 cm de profundidade.

Aplicação da moxabustão: A terapia consistirá em um tratamento por dia, durante dez dias. Interromper por três dias antes de iniciar um novo ciclo.

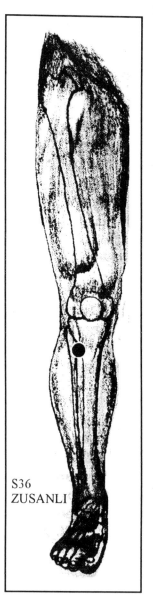

S36 ZUSANLI

Utilização do ponto em outras patologias: Hiperemotividade. Tremores. Psicose. Bulimia. Neurastenia. Torcicolo agudo. Algias e rigidez cervical. Dores do pulso (punho). Distúrbios nervosos e mentais. Cefaléia. Surdez e outras afeções do ouvido...

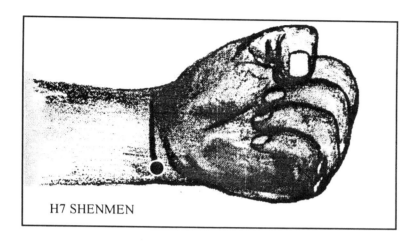

H7 SHENMEN

TRANSPIRAÇÃO ABUNDANTE

Ponto Novo fora dos meridianos.

Localização: Este novo ponto encontra-se no centro da palma da mão.

Aplicação da digitopuntura: O paciente mesmo sentado ou deitado poderá usar a unha do polegar para pressionar com força, continuando a terapia até obter uma sensível melhora.

Aplicação da moxabustão: A terapia consistirá em um tratamento por dia durante dez dias. Suspender e recomeçar o ciclo após 7 dias.

Aplicação da acupuntura: Inserção oblíqua, 0,5-0,8 cm de profundidade.

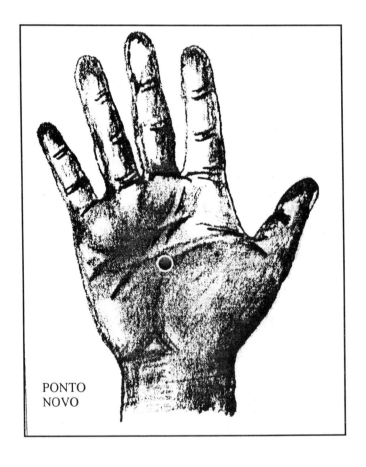

DESMAIO

Os pontos a serem tratados são:
RENZHONG; YONG QUAN.

RENZHONG = Vaso Governador (GV26 – VG 26).

Localização: Encontra-se no lábio superior abaixo do nariz.

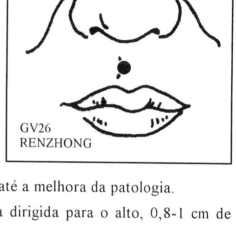

Aplicação da digitopuntura: O paciente poderá estar sentado ou deitado. O acupuntor ou quem por ele, usará a unha do polegar para pressionar com força. Continuar constantemente até a melhora da patologia.

Aplicação da acupuntura: Inserção oblíqua dirigida para o alto, 0,8-1 cm de profundidade.

Utilização do ponto em outras patologias: Ponto preferencial em uma emergência. Choque. Golpe de calor. Perda da consciência. Apoplexia. Enfarte cardíaco. Inflamações do nariz e da face. Epilepsia. Enfarte cardíaco. Diabete. Hiper-glicemia. Dores de toda a coluna vertebral. Torcicolo agudo. Paralisia facial. Gengivite. Dores dentarias sobretudo dos incisivos e caninos superiores. Hipertermia...

YONG QUAN = Rim (K1 – R 1).

Localização: Encontra-se na depressão da planta do pé entre o segundo e o terceiro dedo, ao nível da articulação metatarsofalangiana.

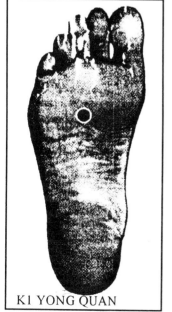

Aplicação da digitopuntura: O acupuntor usará o dedo polegar para exercer uma pressão com força, por 3 minutos.

Aplicação da acupuntura: Inserção perpendicular, 1 cm de profundidade.

Utilização do ponto em outras patologias: Palpitações. Esterilidade feminina. Laringite. Faringite. Shock. Cefaléia. Climatério. Asma...

AMIGDALITE (TONSILITE)

Os pontos a serem tratados são:
SHAOSHANG; HEGU.

SHAOSHANG = Pulmões (L11 – P11).

Localização: Encontra-se sobre o angulo ungueal externo do polegar.

Aplicação da digitopuntura: O paciente, em qualquer posição, poderá usar a unha do polegar para exercer uma pressão com força, por 2 minutos, uma vez ao dia, até a melhora da patologia.

Aplicação da acupuntura: Inserção oblíqua dirigida para o alto, 2mm de profundidade.

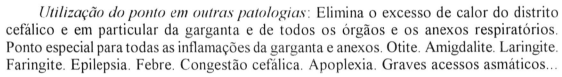

Aplicação da moxabustão: O número de tratamentos será de dois ao dia, durante dois dias, usando a moxa indireta.

Utilização do ponto em outras patologias: Elimina o excesso de calor do distrito cefálico e em particular da garganta e de todos os órgãos e os anexos respiratórios. Ponto especial para todas as inflamações da garganta e anexos. Otite. Amigdalite. Laringite. Faringite. Epilepsia. Febre. Congestão cefálica. Apoplexia. Graves acessos asmáticos...

HEGU = Intestino Grosso 4 (LI4 – IG4) – ponto principal.

Localização: O ponto HEGU é localizado contra a face medial do segundo osso metacárpico (indicador), ao nível de uma depressão que é ponto de origem de um pequeno ligamento.

Aplicação da digitopuntura: Sentado ou deitado, o paciente mesmo poderá usar seu polegar para pressionar o segundo metacarpo por 3-4 minutos, até a melhora da patologia.

Aplicação da acupuntura: Inserção perpendicular, 1-2 cm de profundidade.

Aplicação da moxabustão: Dois tratamentos ao dia durante dois dias usando a moxa indireta.

Utilização do ponto em outras patologias: Eficaz para sedar qualquer tipo de dor (aumenta as endorfinas circulantes no organismo). Melhora todas as afeções inflamatórias do distrito cefálico. Conjuntivite. Glaucoma. Cefaléia. Enxaqueca. Tosse. Diarréia. Nevralgia trigeminal. Paralisias faciais periféricas e centrais. Artrose da articulação temporomandibular. Lipotimia. Gripe epidêmica. Resfriado. Sinusite. Febre aguda e febrícula crônica. Amenorréia. Eczema. Urticária. Acne. Psoríase...

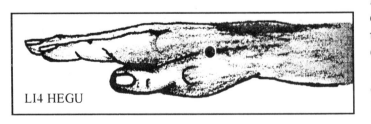

TORCICOLO

Os pontos a serem tratados são:
Ponto Novo 1/Ponto extra (SIFENG) 2; JIANJING.

Ponto Novo/Ponto extra (SIFENG).
Localização: No centro das pequenas dobras do dedo mínimo.
Aplicação da digitopuntura: Deitados ou sentados usaremos a unha do polegar para pressionar com força. Tentaremos primeiro sobre o ponto 1, não obtendo resultados tentar sobre os pontos 1 e 2, contemporaneamente, por 2 minutos, uma vez ao dia, até a melhora da patologia.
Aplicação da acupuntura: Inserção perpendicular, 0,5-0,8 cm de profundidade.
Utilização do Ponto Novo em outras patologias: Distúrbios da esfera urológica. Enurese noturna. Taquicardia...

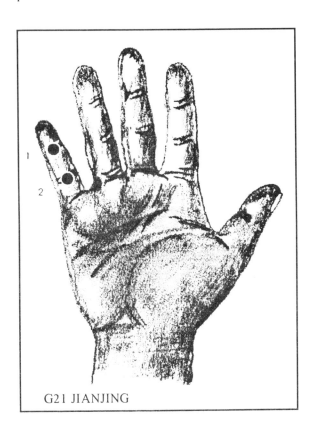

G21 JIANJING

JIANJING = Vesícula Biliar (G21 – VB 21).

Localização: Encontra-se no ombro entre os músculos ester-nocleido-mastóideo e o trapézio.

Aplicação da digitopuntura: com o paciente sentado, o acupuntor usará seu polegar sobre o ponto com a mão apoiada sobre ombro, apertando e soltando. Repetir por cerca de 2 minutos, uma vez ao dia, até a melhora da patologia.

Aplicação da acupuntura: Inserção perpendicular, 1-2,5 cm de profundidade.

Utilização do ponto em outras patologias: Dores cervicais. Dores no ombro. Sensação de peso e impotência funcional do membro superior. Mastite. Hipertireoidismo. Hipermenorréia. Depressão. Lombalgia. Adenopatia do colo (pescoço). Tuberculose...

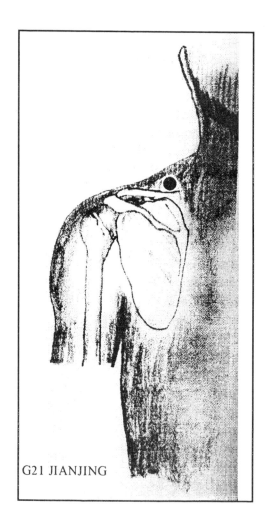

VAGINITE

Os pontos a serem tratados são:
QUQUAN; BAIHUI; QUGU.

QUQUAN = Fígado (L8 – F 8).

Localização: Encontra-se na extremidade interna da dobra de flexão do joelho, na cavidade anteriormente a borda dos músculos semimembranoso e semitendinoso.

Aplicação da digitopuntura: Com o paciente deitado de barriga para baixo, o acupuntor exercerá uma pressão com força, durante 1 minuto, uma vez ao dia até a melhora da patologia.

Aplicação da acupuntura: Inserção perpendicular, 2-4 cm de profundidade.

Aplicação da moxabustão: Tratar com moxa indireta. Os tratamentos poderão ser de dois ao dia, até a melhora da patologia.

Utilização do ponto em outras patologias: Cefaléia. Inquietude. Astenia. Epistaxe. Estomatite. Hemorróidas. Dismenorréia. Infeções urogenitais. Intoxicação alimentar...

BAIHUI = Vaso Governador (GV20 – VG 20) – ponto principal.

Localização: localizado no topo da cabeça, onde a linha mediana cruza com a linha de conjunção que parte dos extremos das helixes das orelhas.

Aplicação da digitopuntura: o paciente poderá estar sentado ou deitado, o acupuntor usará o polegar para exercer uma pressão com força, por 2 minutos, uma vez ao dia, até a melhora da patologia.

Aplicação da acupuntura: Inserção horizontal dirigida para baixo, 0,5-1 cm de profundidade.

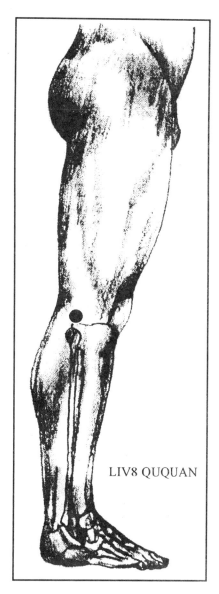

LIV8 QUQUAN

Aplicação da moxabustão: Tratar com moxa indireta. Os tratamentos poderão ser de dois ao dia, até a melhora da patologia.

Utilização do ponto em outras patologias: Excitação. Depressão. Balbuciar (gaguejar). Epilepsia. Esquizofrenia. Histeria. Neurastenia. Amnésia. Apoplexia...

QUGU = Vaso da Concepção (CV2 – VC 2).

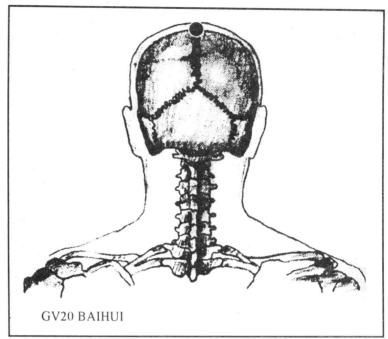

Localização: Sobre a linha média anterior, em correspondência à margem superior da sínfise púbica.

Aplicação da digitopuntura: O paciente estará deitado, o acupuntor usará seu polegar para exercer uma pressão para baixo e com força, por 2 minutos, uma vez ao dia, até a melhora da patologia.

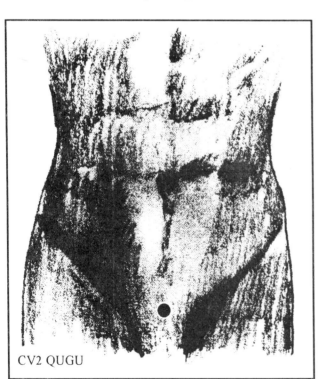

Aplicação da acupuntura: Inserção perpendicular, 2-3 cm de profundidade.

Aplicação da moxabustão: Tratar com moxa indireta. Os tratamentos poderão ser de dois ao dia, até a melhora da patologia.

Utilização do ponto em outras patologias: Espermatorréia. Impotência. Dismenorréia. Leucorreia. Inflamação dos órgãos pélvicos. Endometrite. Metrorragia. Incontinência urinária. Retenção de urina. Astenia. Meteorismo...

VERTIGENS

Os pontos a serem tratados são:
YINTANG; TAICHONG; SIDU.

YINTANG = Ponto extra da Cabeça.

Localização: Entre as sobrancelhas, na linha média da face.

Aplicação da digitopuntura: O paciente mesmo poderá usar o indicador e massagear, por 2 minutos, uma vez ao dia. Continuar constantemente a terapia até a melhora da patologia.

Aplicação da acupuntura: Inserção oblíqua, 0,5-1 cm de profundidade.

Utilização do ponto em outras patologias: Todas as afeições da mucosa nasal e dos sinus paranasais. Epistaxe. Surdez. Rinite e sinusite alérgicas infectivas agudas e crônicas. Parasitose intestinal. Paralisia facial...

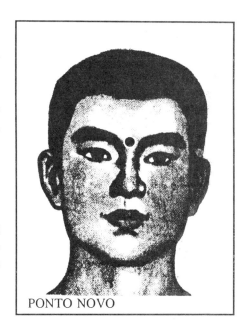
PONTO NOVO

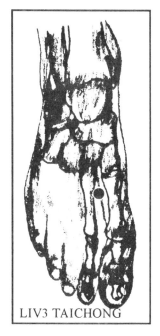
LIV3 TAICHONG

TAICHONG = Fígado (LIV3 – F3).

Localização: Este ponto se encontra entre o hálux e o segundo dedo, à frente de sua articulação.

Aplicação da digitopuntura: o paciente pode estar deitado ou sentado. Aquele que aplicar a digitopuntura, usará a unha do polegar e pressionará com força, durante 2 minutos, uma vez ao dia, até o melhoramento da patologia.

Aplicação da acupuntura: Inserção oblíqua dirigida para o alto, 1-2,5 cm de profundidade.

Utilização do ponto em outras patologias: Cefaléia. Epilepsia. Afeções oculares. Acúfenos. Hipertensão. Afeções da área ginecológica. Alergias. Eczemas. Urticária...

SIDU = Triplo Aquecedor (TE9 – TA 9) – ponto principal.

Localização: Encontra-se a 5 CUN abaixo do olêcrano, ao centro da face posterior do antebraço.

Aplicação da digitopuntura: O paciente poderá estar sentado ou deitado. O acupuntor ou quem por ele, usará a unha do polegar para exercer uma pressão com força, por 3 minutos, uma vez ao dia, até a melhora da patologia.

Aplicação da acupuntura: Inserção perpendicular, 2 cm de profundidade.

Utilização do ponto em outras patologias: Coma. Golpe de calor. Meningite. Ansiedade. Pesadelos. Insônia. Falta de concentração...

VÖMITO

Os pontos a serem tratados são:
NEIGUAN; ZUSANLI; DAZHUI.

NEIGUAN = Circulação-Sexualidade (P6 – CS6).

Localização: Se encontra sobre a face anterior do antebraço, dois centímetros acima da dobra do punho.

Aplicação da digitopuntura: Estando deitado ou sentado, usar o polegar para pressionar e massagear até o vômito melhorar.

Aplicação da acupuntura: inserção perpendicular, 1-2,5 cm de profundidade.

Aplicação de Moxabustão: Tratar com moxa indireta, uma vez a cada dez minutos até o desaparecimento dos sintomas.

Utilização do ponto em outras patologias: Hemorróidas. Constipação. Diarréia. Timidez. Amnésia. Vômito. Gengivite. Glossite (Inflamação da língua)...

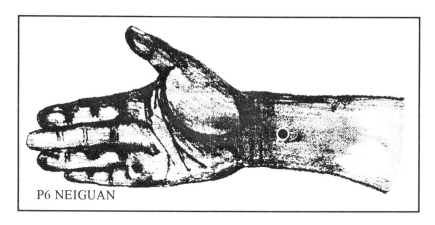

ZUSANLI = Estômago (S36 – E36) – ponto principal.

Localização: O ponto Zusanli está localizado na crista tibial, abaixo do plateu, 3 CUN abaixo do ápice da rótula.

Aplicação da digitopuntura: Pondo-se deitado ou sentado usar o polegar para pressionar e massagear até que os sintomas do vômito aliviem e passem.

Aplicação da acupuntura: Inserção perpendicular, 2-3 cm de profundidade.

Utilização do ponto em outras patologias: Gastrite e gastralgia. Úlcera gastroduodenal. Diarréia. Apendicopatias. Colite funcional. Cefaléias. Enxaquecas. Hipo e hipertensão. Tremor. Intoxicação alimentar. Depressão e distúrbios neuróticos...

DAZHUI = Vaso Governador (GV14 – VG 14).

Localização: Encontra-se entre a 7ª vértebra cervical e a 1ª dorsal.

Aplicação da digitopuntura: O acupuntor aconselhará o paciente a permanecer sentado, ou melhor, deitar-se de lado, com a cabeça levemente inclinada para baixo. Será empregada a ponta do indicador para exercer pressão e massagear até a melhora dos sintomas.

Aplicação da acupuntura: Inserção perpendicular, 0,5 cm de profundidade.

Aplicação da moxabustão: Tratar com moxa indireta, uma vez a cada dez minutos até o desaparecimento dos sintomas.

Utilização do ponto em outras patologias: Ponto com ação sobre a glândula tireóide. Cansaço generalizado. Depressão. Histeria. Exaustão nervosa. Febre. Golpe de calor. Tuberculose pulmonar. Enfisema. Eczema. Cervicobraquialgia. Torcicolo. Vômito. Diarréia...

PONTOS TERAPÊUTICOS ESSENCIAIS PARA REGULARIZAÇÃO GERAL DA ENERGIA VITAL DO CORPO

CV6 – VC6 QIHAI; CV12 – VC 12 ZHONGWAN; GV20 – VG20 BAIHUI; L6 – P6 KONGZUI; S36 – E36 ZUSANLI; B18 GANSHU; B20 PISHU; B23 SHEN SHU; LI4 – IG4 HEGU.

A terapia consistirá em tratar com moxa indireta os pontos acima descritos, uma vez ao dia, em dias alternados, durante duas semanas.

Repetir a cada seis meses.

Integrar esta prática com banhos à base de Menta, Timo, Serpilo e Melissa.

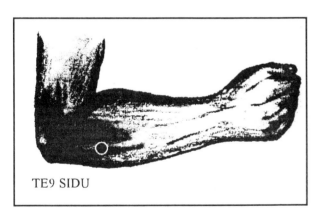
TE9 SIDU

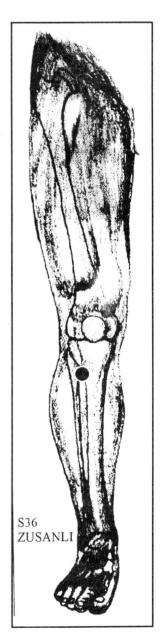
S36 ZUSANLI

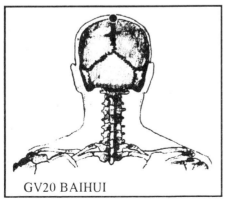
GV20 BAIHUI

PONTOS TERAPÊUTICOS GERAIS ENERGÉTICOS

CV13 – VC13 SHANGWAN; CV12 – VC12 ZHONGWAN; CV10 – VC10 XIA WAN; CV4 – VC4 GUANYUAN; B47 HUNMEN; B23 SHEN SHU; B20 PISHU; B18 GANSHU; GV20 – VG20 BAIHUI; G20 – VB20 FENGCHI; K17 – R17 SHANGQIU; H8 – C8 SHAO FU; TE10 – TA10 TIANJING.

A terapia consistirá em tratar os pontos acima descritos com moxa indireta, uma vez ao dia, durante uma semana.

Integrar esta prática com banhos tonificantes de Milfolhas, Bardana, Urtiga, Timo e Castanha da Índia.

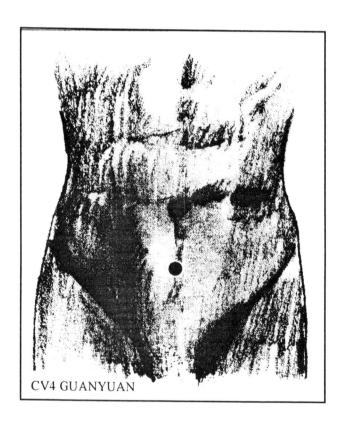

CV4 GUANYUAN

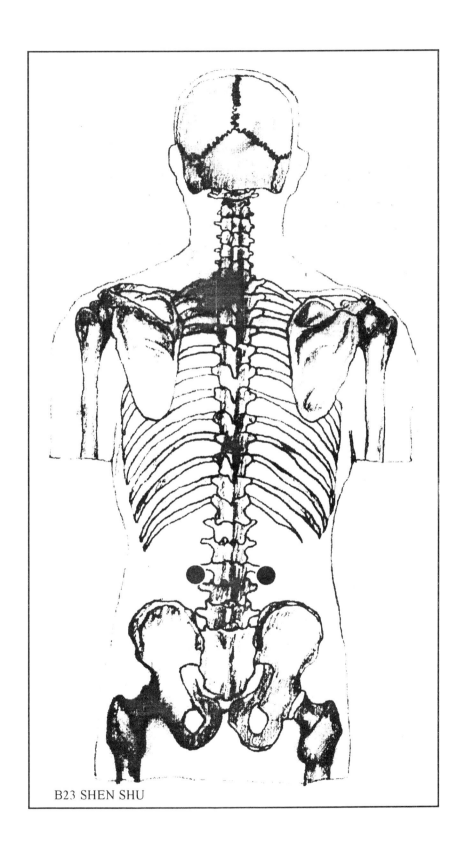

B23 SHEN SHU

MANUAL RESUMIDO DOS PONTOS DE ACUPUNTURA UTILIZADOS NAS URGÊNCIAS MÉDICAS E PRANCHAS ANATÔMICAS

Pontos de utilização recorrente nas afeções gerais:

L7 – P7 LIEQUE (afeções inflamatórias); LI4 – IG4 HEGU (afeções rinológicas); S36 – E36 ZUSANLI e GV20 – VG20 BAIHUI (afeções mentais); Sp6 – BP6 SANYINJIAO (afeções vasculares); S13 – E13 HOUXI (afeções da coluna vertebral); G26 – VB26 DAIMAI (afeições ginecológicas); G34 – VB34 YANGLINQUAN (afeções osteomioarticulares); CV17 – VC17 SHANZHONG (afeções dos brônquios e pulmões).

Pontos de Comando por região:

L7 – P7 LIEQUE (cabeça e pescoço); LI4 – IG4 HEGU (face e boca);

S13 – E13 HOUXI (coluna vertebral e pescoço); S36 – E36 ZUSANLI (abdômen); B40 WEIZHONG (dorso e lombo).

Pontos antiestresse:

LI4 – IG4 HEGU; S36 – E36 ZUSANLI; B24 QIHAISHU; B29 ZHONGLUSHU; B35 HUIYANG; K7 – R7 FULIU; TE5 – TA5 WAIGUAN; G34 – VB34 YANGLINQUAN; GV1 – VG1 CHANGQUIANG; GV14 – VG14 DAZHUI; GV20 – VG20 BAIHUI; GV26 – VG26 RENZHONG; CV4 – VC4 GUANYUAN; CV6 – VC6 QIHAI; CV 17 – VC17 SHANZHONG.

Pontos dos meridianos tendino-musculares (M.T.M.)*:

G13 – VB13 BENSHEN (ponto de reunião dos três M.T.M. do membro superior; Intestino Grosso, Intestino Delgado e Triplo Aquecedor); S3 – E3 JULIAO (ponto de reunião dos três M.T.M. do membro inferior: Estômago, Bexiga e Vesícula Biliar); G22 – VB22 YUANYE (ponto de reunião dos três M.T.M. do membro superior: Pulmão, Coração e Circulação-Sexualidade); CV3 – VC3 ZHONGJI (ponto de reunião dos três M.T.M. do membro inferior: Baço-Pâncreas, Rim e Fígado); LI15 – IG15 JIANYU (M.T.M. do Intestino Grosso e Bexiga); LI20 – IG20 YINGXIANG (M.T.M. do Intestino Grosso); S6 – E6 JIACHE (M.T.M. do Intestino Grosso); S12 – E12 QUEPEN (M.T.M. do Estômago e Vesícula Biliar); S32 – E32 FUTU (M.T.M. da Vesícula Biliar); B1 JINGMING (M.T.M. da Bexiga); B10 TIANZHU (M.T.M. da Bexiga); B20 PISHU (M.T.M. do Baço-Pâncreas); B21 WEISHU (M.T.M. do Estômago); B60 KUNLUN (M.T.M. da Bexiga);

G1 – VB1 TONGZILIAO (M.T.M. do Intestino Delgado e Triplo Aquecedor); G12 – VB12 WANGU (M.T.M. da Bexiga); G20 – VB 20 FENGCHI (M.T.M. da Bexiga); G30 – VB30 HUANTIAO (M.T.M. do Estômago); G34 – VB34 YANGLINQUAN (M.T.M. da Bexiga); GV14 – VG 14 DAZHUI (M.T.M. do Intestino Grosso); GV20 –VG20 BAIHUI (M.T.M da Vesícula Biliar); CV2 – VC2 QUGU (M.T.M. do Estômago); CV3 – VC3 ZHONGJI (M.T.M. do Estômago); CV8 – VC8 SHENQUE (M.T.M. do Baço-Pâncreas e Coração); CV17 – VC17 SHANZHONG (M.T.M. do Coração e Circulação-Sexualidade); CV24 – VC24 CHENGJIANG (M.T.M. do Estômago).

Pontos emostáticos:

LI11 – IG11 QUCHI; S36 – E36 ZUSANLI; Sp6 – BP6 SANYINJIAO.

Pontos contra-indicados em casos particulares:

LI4 – IG4 HEGU (gravidez); S17 – E17 RUZHONG (contra-indicado tanto para a acupuntura como a moxabustão: sua função é unicamente como referência anatômica); Sp6 – BP6 SANYINJIAO (gravidez); B1 JINGMING e B40 WEIZHONG (moxabustão); G21 – VB21 JANJING (gravidez); CV8 – VC8 SHENQUE (contra-indicada o uso de acupuntura; adapta-se somente à moxa).

Pontos perigosos, para serem utilizados com muita prudência:

L1 – P1 ZHONGFU (pneumotórax); L2 – P2 YUNMEN (pneumotórax); L3 – P3 TIANFU (lesão na artéria braquial); L4 – P4 XIABAI (lesão na artéria braquial); L8 – P8 JINGGU (lesão na artéria radial); L9 – P9 TAIYUAN (lesão na artéria radial); LI13 – IG13 WULI (Lesão na artéria braquial); S1 – E1 CHENGQI (grave hematoma da orbita); S2 – E2 SIBAI (grave hematoma na face); S9 – E9 RENYING (lesão da artéria carótida); S12 – E12 QUEPEN (lesão na artéria subclávia); S42 CHONGYANG (lesão na artéria dorsal do pé); Sp11 – BP11 JIMEN (lesão na artéria femoral); H1 – C1 JIQUAN (lesão na artéria axilar); H2 – C2 QUINGLING (lesão na artéria braquial); H7 – C7 SHENMEN (lesão na artéria ulnar); SI9 – ID9 JIANZHEN (lesão na artéria braquial); SI17 – ID17 TIANRONG (lesão na artéria carótida); B1 JINGMING (grave hematoma na órbita); P1 – CS1 TIANCHI (risco de pneumotórax); LIV11 – F11 YINLIAN (lesão nos vasos femorais); LIV12 – F12 JIMAI (lesão nos vasos femorais); GV14 – VG14 DAZHUI, GV15 – VG15 YAMEN e GV16 – VG16 FENGFU (grave lesão medular); CV 22 – VC22 TIANTU (lesão nos órgãos do mediastino).

Pontos para analgesia:
LI4 – IG 4 HEGU; S44 – E 44 NEITING.

Pontos de sedação: GV20 BAIHUI; H7 SHENMEN; B62 SHENMAI.

Pontos para se fazer sangrar:

L11 – P11 SHAOSHANG (crise de asma, hemicrânia, faringo-tonsilite, golpe de calor); LI1 – IG1 SHANGYANG (febre elevada, faringo-tonsilite, golpe de calor); S45 – E 45 LIDUI (espasmos gástricos e intestinais); Sp1 – BP1 YINBAI (hemorróidas, insônia, epistaxe); Sp3 – BP 3 TAIBAI (hemorróidas); H9 – C9 SHAOCHONG (ictus, congestão cerebral, coma, hemicrânia); SI1 – ID1 SHAOZE (ictus, congestão do olho e do ouvido, coma, faringo-tonsilite, intoxicação aguda); B40 WIZHONG (afeições congestivas da perna e do pé, congestão dos órgãos pélvicos, dor lombar, todas as doenças crônicas da pele, alopecia, cefaléia, golpe de calor); B67 ZHIYIN (cefaléia, todas as afeções agudas com dor insuportável, hemorróidas); K1 – R1 YONGQUAN (faringo-tonsilite, ondas de calor da menopausa, delírios e alucinações); P3 – CS3 QUZE (vômito, afeções febris do aparelho respiratório, febre elevada); P9 – CS9 ZHONGCHONG (convulsões infantis); TE1 – TA1 GUANCHONG (inflamações do ombro e do braço, inflamações do olho e dos anexos oculares, ondas de calor da menopausa, febre elevada, otite); TE18 – TA18 QIMAI (congestão do ouvido e do olho, hemicrânia, cefaléia occipital, vertigens, apoplexia, zunido auricular); G44 – VB44

ZUQIAOYIN (faringo–tonsilite, congestão hepática, vômito biliar, hemicrânia, cefaléia frontal); LIV1 – F -1 DADUN (espasmos intestinais e biliares, congestão hepática, hemicrânia, afeições dos órgãos genitais e pélvicos, meno e metrorragia); GV23 – VG23 SHANGXING (cefaléia, epistaxe, nevralgias, convulsões infantis); GV26 – VG26 RENZHONG (hemicrânia, coma, perda dos sentidos, hipertermia, inflamações do nariz, boca e dentes da arcada superior); GV28 – VG28 YINJIAO (cefaléia frontal, odontalgias perseverantes, herpes recidivo, inflamações da boca e da face, epistaxe, pólipos nasais, sinusite); EX2* TAIYANG (hemicrânia, congestão cefálica com pulsação da artéria temporal, nevralgia do trigêmeo); EX10* YUYE* (náuseas, vômito incontrolável, inflamações da boca e da face); EX30* SHIXUAN* (emergência, estado de choque, golpe de calor, perda dos sentidos, coma, apoplexia, enfarte cardíaco, hipertermia).

Pontos de Emergência:

L6 – P6 KONGZUI; LI7 – IG 7 WENLIU; S34 – E 34 LIANGQIU; Sp8 – BP8 DIJI; H6 – C6 YINXI; SI6 – ID6 YANGLAO; B63 JINMEN; K5 – R5 SHUIQUAN; P4 – CS4 XIMEN; TE7 – TA7 HUIZHONG; G36 – VB36 WAIQIU; LIV6 – F6 ZHONGDU; B 59 FUYANG; K8 – R8 JIAOXIN; G35 – VB35 YANGJIAO; K9 – R9 ZHUBIN.

Pontos que aumentam o mecanismo de ação das defesas imunológicas: GV14 – VG14 DAZHUI; LI11 – IG11 QUCHI; Sp10 XUEHAI; Sp6 – Baço-Pâncreas.

---

*EX = Ponto extraordinário.
 EX2 TAIYANG (encontra-se nas fossas temporais); EX10 YUYUE (encontra-se lateralmente às veias sublinguais); EX12 SHIXUAN (encontra-se sobre todas as pontas dos dedos das mãos).
 *N.T.: Este ponto, ocasionalmente, poderá ser encontrado também com o nome de JINJIN ou ainda, como TSINN-TCHENN, (TSINN-TSINN), porém não consta em todas as bibliografias nacionais.

A PULSOLOGIA CHINESA

Enquanto a medicina clássica admite somente um pulso radial, a medicina chinesa reconhece diversos.

Cada um destes corresponde a um órgão, a um sistema ou a uma função e nos ilumina a respeito da condição energética deste órgão ou desta função.

Para apreciarmos os pulsos*, deve-se apalpar a artéria radial no nível do pulso em três diferentes áreas:

a) na região mais proeminente da apófise estilóide (pulso central);

b) abaixo da apófise estilóide, entre esta e a dobra de flexão do punho (pulso inferior);

c) acima da apófise estilóide (pulso superior).

Sobre cada uma destas regiões (superior, central, inferior), uma palpação superficial e levemente intensa dos dedos, fará com que percebamos o *pulso superficial*, com uma pressão profunda dos dedos mas não excessiva perceberemos o *pulso profundo*.

Desta forma, temos 12 pulsos com as seguintes relações:

Pulso direito		Pulso esquerdo	
Superf.	Prof.	Superf.	Prof.
TA	CS	B	R
E	BP	VB	F
IG	P	ID	C

---

* Para procurar e sentir os pulsos chineses, aconselha-se apalpar simultaneamente ambos os pulsos do paciente. Este por sua vez deverá estar relaxado, com os braços estendidos, os pulsos sobre uma mesa. O médico encontra-se de frente para o paciente e com dois dedos (polegar ou indicador) sobre o pulso direito e esquerdo, apalpa sucessivamente as três regiões, ora apenas superficialmente e ora com uma pressão mais profunda. É preferível apalpar diversas vezes os pulsos para conseguirmos captar e sentir melhor as sensações que se transformaram em valiosas informações para o diagnóstico do paciente.

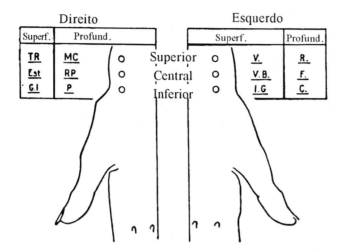

A pulsologia chinesa.

AS REGIÕES DO CORPO

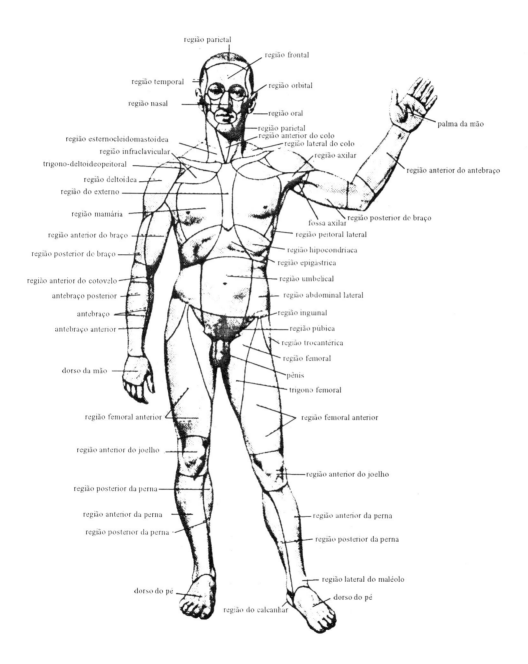

Fig. 1 Região anterior.

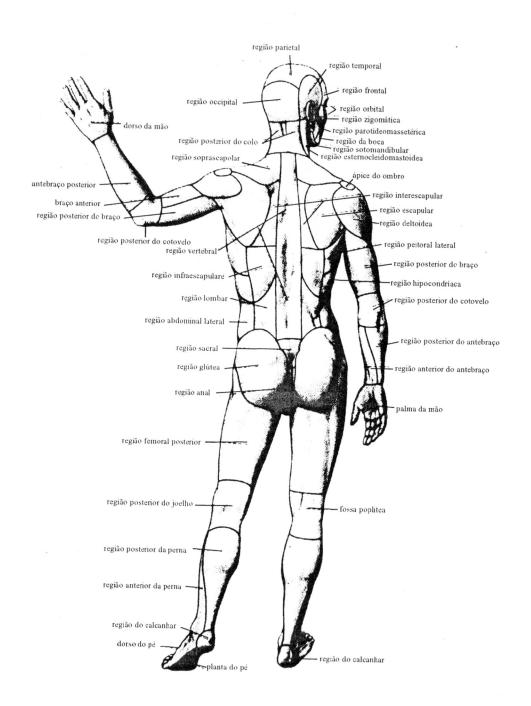

Fig. 2 Região posterior

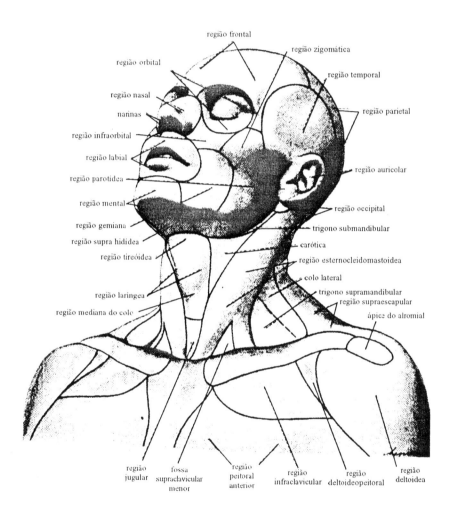

Fig. 3 Região da testa e do colo

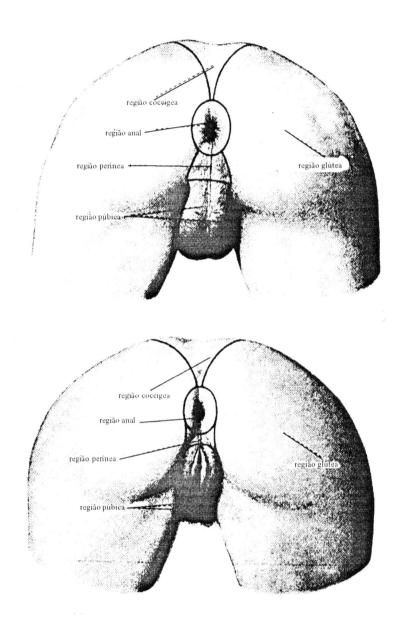

Fig. 4 Região do períneo.

PRANCHAS ANATÔMICAS A CORES

O DERMATOMERO
(topografia sensitiva radicular utilizada nas afeções neuro-muscular da acupuntura reflexoterápica)

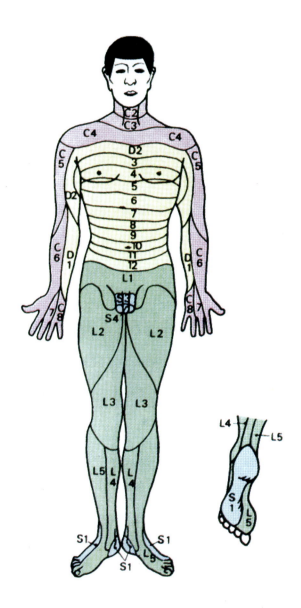

Fig. 1 Vista anterior.

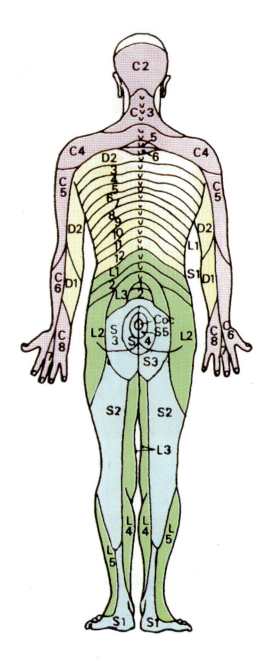

Fig. 2 Vista posterior.

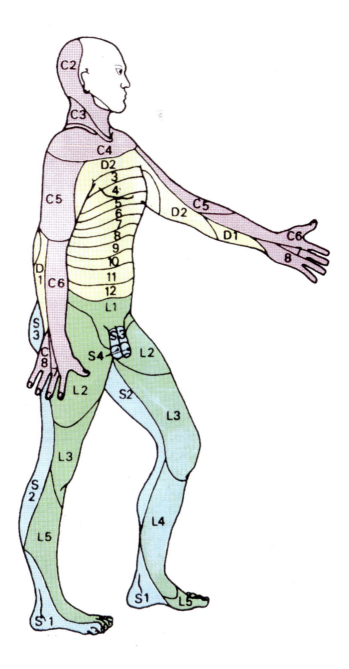

Fig. 3 Vista lateral.

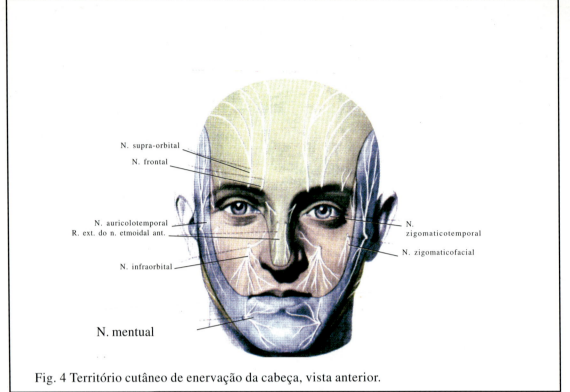

Fig. 4 Território cutâneo de enervação da cabeça, vista anterior.

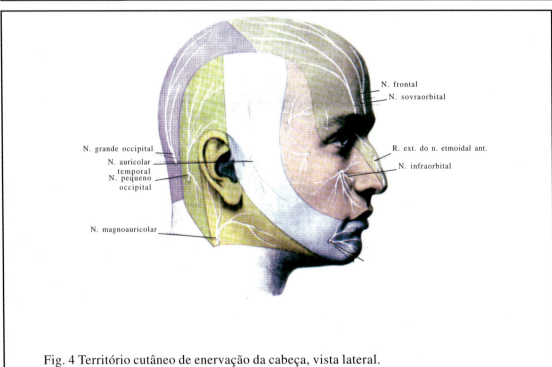

Fig. 4 Território cutâneo de enervação da cabeça, vista lateral.

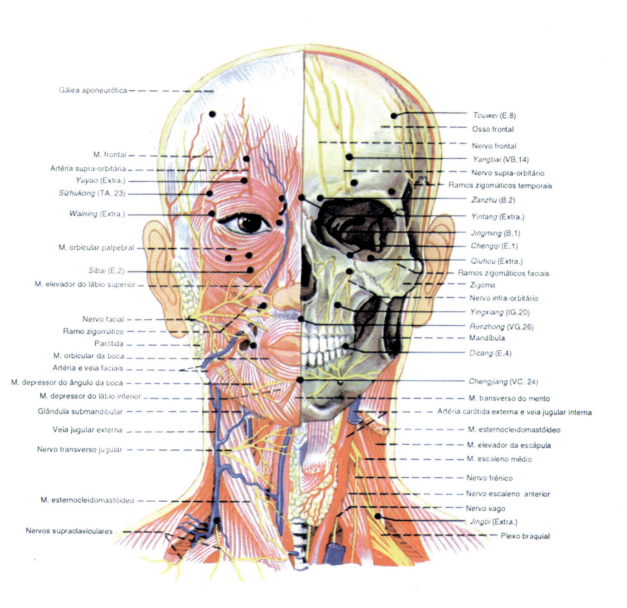

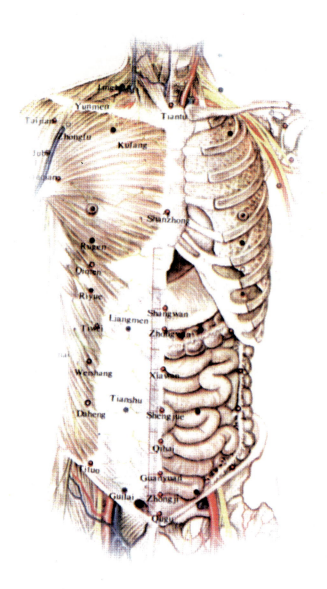

Fig. 1 Particular.

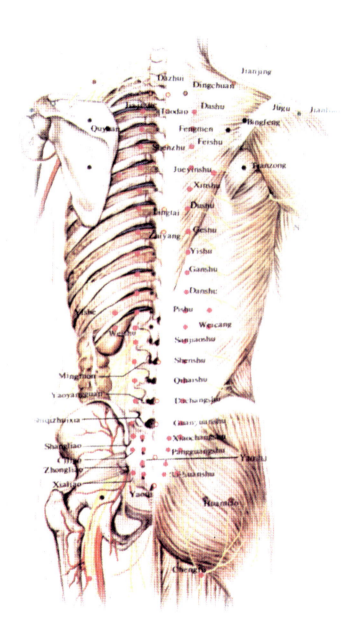

Fig. 2 Particular.

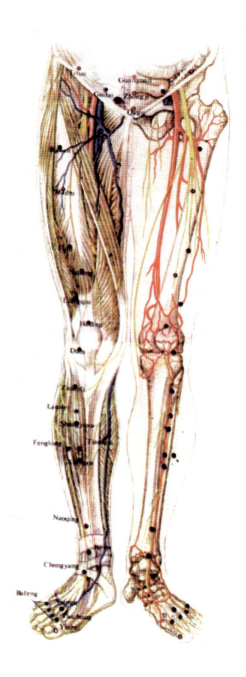

Fig. 1 Particular.

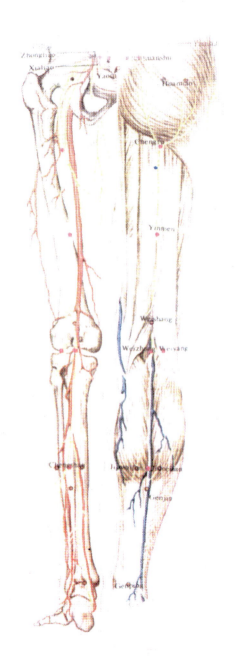

Fig. 2 Particular.

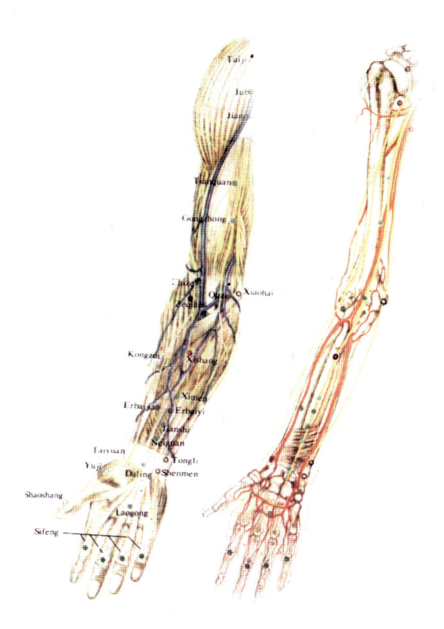

Fig. 1 Particular.

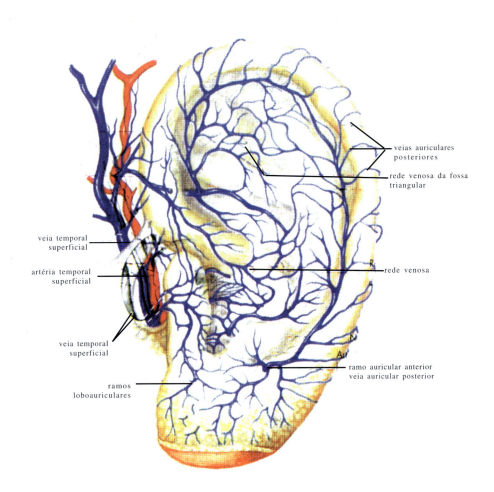

Fig. 1 Circulação venosa da orelha esquerda.

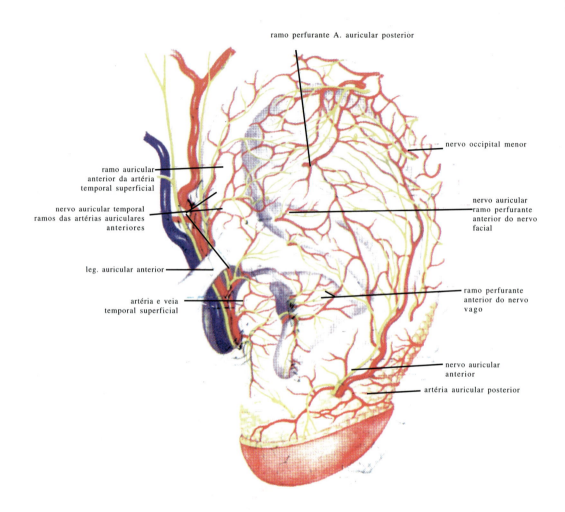

Fig. 2 Circulação arteriosa e inervação da orelha esquerda.

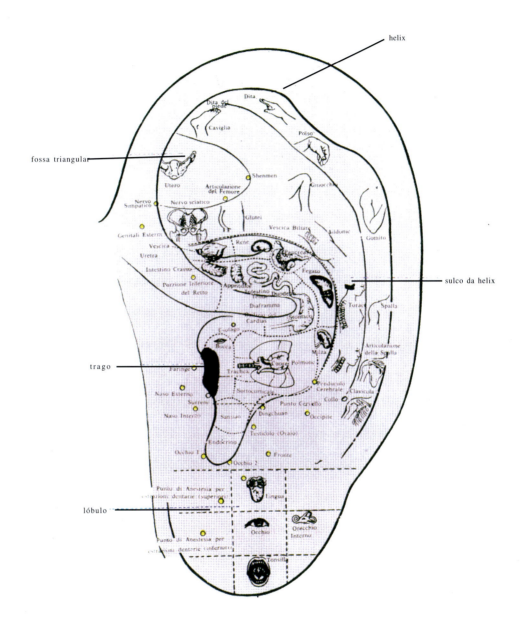

Fig. 3 Ponto da auricoloterapia.

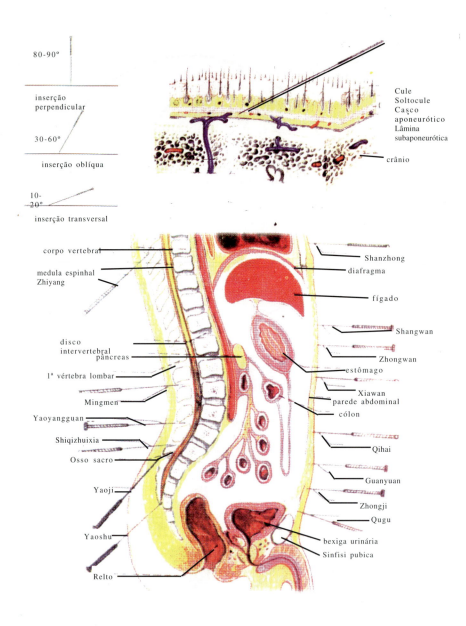

Impresso na

**press grafic
editora e gráfica ltda.**
Rua Barra do Tibagi, 444 - Bom Retiro
Cep 01128 - Telefone: 221-8317